現代

佛教經文名鑑

韓國經文研究會 編

법문북스

서 문

이 한국경문 보감은 모든 불교인을 위시하여 우리나라 전통신앙인이나
선·불·유교인과 신흥종교인들을 위하여 널리 활용되기를 염원하면서 출
간한 한국의 전통적이고 고유의 경문들임을 여기 소개합니다

이 한국경문보감에 담은 모든 경문은 강호제현 법 처사님들이 항상 즐
겨 애송할 수 있는, 우리의 선조상님들의 명언 법어들이 총집성 되어 있어
우리의 메마른 마음을 한층 더 풍성하게 하리라고 믿어지는 바입니다.

이에 편자는 근래에 있어 우리의 경문과 신주 및 진언등에 대한 연구
를 다년간에 걸쳐 신경을 기우려 오던중 그에 필요한 자료를 널리 수
집해본 결과, 현재 우리 주변에서 각 유명출판사들이 출판해온 책에 많
은 경문등이 수록되어서 널리 전해지고 있으나, 각 책마다 마음에 부족
됨이 (즉 없는경문) 많아서 이를 이용하는 이의 불편이 적지 아니함을 발견해
서 여기에 편자는 이를 총망라해서 우리들의 생활에, 즉 제행식을 하는
데 필요한 경문, 신주, 진언 및 행식에 필요한 글들을 누구든지 찾아서
읽기쉽게 각 행식별로 구분해서 필요한 경을 정선 수록 하였읍니다.

마음 다스리는 글

복은 검소함에서 생기고, 덕은 겸양에서 생기며, 지혜는 고요히 생각하는 데서 생기느니라.

근심은 애욕에서 생기고, 재앙은 물욕에서 생기며, 허물은 경망에서 생기고, 죄는 참지 못하는 데서 생기느니라.

눈을 조심하여 남의 그릇됨을 보지 말고 맑고 아름다움을 볼 것이며 입을 조심하여 실없는 말을 하지말고 착한말, 부드럽고 고운 말을 언제나 할 것이며, 몸을 조심하여 나쁜 친구를 사귀지 말고 어질고 착한 이를 가까이 하라.

어른을 공경하고 덕 있는 이를 받들어 지혜로운이를 따르고 모르는 이를 너그럽게 용서하라.

오는 것을 거절말고, 가는 것을 잡지 말며, 내 몸 대우없음에 바라지 말고, 일이 지나갔음에 원망하지 말라.

남을 해하면 마침내 그것이 자기에게 돌아오고 세력을 의지하면 도리어 재화가 따르느니라.

불자야 이 글을 읽고 낱낱이 깊이 새겨서 다같이 영원을 살아 갈지어라.

(일타스님의 법문중에서 채택하였읍니다)

목 차

제二장 각종살풀이

제1부 시송 및 경문

① 천 수 경

○ 정구업진언 (진언을 세번씩 읽으시오)
(구업을 깨끗이 하는 진언)

○ 구업은 입으로 지은 죄업이니 거짓말, 꾸미는 말, 이간하는 말, 악담하는 말, 이 네가지를 말한다.

○ 진언은 참다운 진실의 말, 마음에서 나온 말을 뜻함

수리수리 마하수리 수수리 사바하 (세번)

○ 오방내외안위제신진언 (오방의 여러 신을)
(안위하는 진언)

나무 사만다 못다남 옴 도로도로 지미 사바하 (세번)

○ 개경게 (경책을 펴는 게송)

무상심심미묘법   끝없이 깊은 미묘한 법

백천만겁난조우   백겁 만겁 지나도록 만나뵙기 어려워라

-1-

아금문견득수지　나는 이제 다행하게 듣고 보고 지니오니

원해여래진실의　원하옵건데 여래의 진실한뜻 알아지이다

○개법장진언　（법장을 여는 진언）

옴 아라남 아라다 （세번）

천수천안관자재보살광대원만무애대비심대다라니

○관자재보살　관세음보살의 이명이다. 일체 중생들의 온갖 소리를 자재하게 관찰하시고 구제해 주시므로 관세음보살 또는 관자재보살 이라 한다.

○다라니　모든 악한법을 끊어 없애고 한량없이 좋은 법을 다 지닌다는 뜻.

○계 청　（읽어서 청한다는 말임）

계수관음대비주　관세음보살 신주앞에 머리숙여 절합니다

원력홍심상호신　그 원력 위대하사 상호 또한 좋으시고

천비장엄보호지　일천의 장엄하신 팔로 넓이 보호하시며

천안광명변관조　일천의 밝으신 눈으로 두루살펴 보아주시고

진실어중선밀어　참된한말 그 속에 또 비밀한 말씀을 보이시고

무위심내기비심　하염없는 마음 속에 또 자비를 일으키시여

속령만족제희구　모든 죄업 구함을 속속히 이루어주시사

영사멸제제죄업　모든 죄업이 영영 씻어이다

천룡중성동자호　하늘과 용 모든 성현들이 한가지 자비로 보살 피어

백천삼매돈훈수　백천가지 삼매를 한꺼번에 익히고 깨쳐이다

수지신시광명당　받아가진 저의마음 광명당이 되오며

수지심시신통장　받아 가진 이마음이 그대로 신통장이라

세척진로원제해　모든 티끌과 같은 번뇌를 씻어 버리고 죽고나는

초중보리방편문　고해를 건너서

아금칭송서귀의　방편을 증득하여 보리의 문에 들어가지이다

소원종심실원만　내가 이제 대비주를 외워서 귀의하오니

나무대비관세음　못하는 일 마음대로 원만해지이다

원아속지일체법　대자대비 하옵신 관세음보살께 귀의하여 비옵
　　　　　　　　　니다

나무대비관세음　이 세상의 온갖 진리 어서 빨리 알게 하소서

나무대비관세음　대자대비하옵신 관세음보살께 귀의하오니

원아조득지혜안　대자대비하옵신 관세음보살께 귀의하오니

나무대비관세음　원컨대 나로하여금 지혜눈을 재빨리 얻게하소서

원아속도일체중　대자대비 하옵신 관세음보살께 귀의하오니
　　　　　　　　　원컨대 나로하여금 일체 중생을 속히 제도 하게
　　　　　　　　　하사이다

나무대비관세음
대자대비 하옵신 관세음보살께 귀의하오니

원아조득선방편
원컨대 나로 하여금 일찌기 좋은 방편을 얻게하
소서

나무대비관세음
대자대비 하옵신 관세음보살께 귀의하오니

원아속승반야선
원컨대 나로하여금 반야선을 속히 타게 하소서

나무대비관세음
대자대비 하옵신 관세음보살께 귀의하오니

원아조득월고해
생노병사 괴로움바다 빨리빨리 건너지이다
(고해는 고통이 많아서 바다같다는 뜻)

나무대비관세음
대자대비 하옵신 관세음보살께 귀의하오니

원아속득계정도
원컨대 나로하여금 계정도를 속히 얻게 하소서

나무대비관세음
대자대비 하옵신 관세음보살께 귀의하오니

원아조등원적산
원컨대 나를 일찌 원적산에 오르게 하소서

나무대비관세음 대자대비 하옵신 관세음보살께 귀의하오니

원아속회무위사 원컨대 나로 하여금 속히 하염없는 집에 모이게 하소서

나무대비관세음 대자대비 하옵신 관세음보살께 귀의하오니

원아조동법성신 원하옵나니 나로 하여금 법성신과 재빨리 같게 하소서

아약향도산 내가 만일 도산에 향하면 도산이 스스로 무너지며

도산자최절 칼산이 저절로 무너지며

아약향화탕 내가 만일 화탕을 향하면 화탕이 스스로 말라 없어지며

화탕자소멸 화탕이 저절로 말라지고

아약향지옥 내가 만일 지옥을 향하면

지옥자고갈 지옥이 저절로 없어지고

아약향아귀 　내가 만일 아귀세계를 향하면

아귀자포만 　아귀가 스스로 배불러지며

아약향수라 　내가 만일 아수라를 향하면

악심자조복 　악한 마음이 스스로 조복되오며

아약향축생 　내가 만일 축생을 향하면

자득대지혜 　슬기 절로 생겨이다

나무관세음보살마하살 　관세음보살 마하살께 귀의합니다

나무대세지보살마하살 　대세지보살 마하살께 귀의합니다

나무천수보살마하살 　천수보살 마하살께 귀의합니다

나무여의륜보살마하살 　여의륜보살 마하살께 귀의합니다

나무대륜보살마하살 대륜보살 마하살께 귀의합니다

나무관자재보살마하살 보살도 관세음보살의 실현이시라

나무정취보살마하살 정취보살 마하살께 귀의합니다

나무만월보살마하살 만월보살 마하살께 귀의합니다

나무수월보살마하살 수월보살 마하살께 귀의합니다

나무군다리보살마하살 군다리보살 마하살께 귀의합니다

나무십일면보살마하살 십일면보살 마하살께 귀의합니다

나무제대보살마하살 제대보살 마하살께 귀의합니다

나무본사아미타불 본사 아미타불께 귀의합니다

○ 신묘장구대다라니 (신기하고 미묘한 큰 다라니주문)

(선한 공덕을 가지고 있는 말)

이 경은 옛날 인도의 범어를 그대로 우리말로 「음」만 붙여 읽는 것인데 뜻은 정법을 두호하는 신장의 명호이다

나모라 다나 다라 야야

높은 소리로 읽어서는 안된다。

관세음보살님의 본신이니 보살님의 용심을 보인 진언이다。이 대문은

나막 알약

여의륜 보살님의 본신이니、정성스러운 마음을 외우라。

바로 기제 새바라야

바리를 들고 계신 관세음보살님의 본신이시니、만일 사리나 영골이 생기기를 원하거든、보살님의 바리드신 모습을 염하면서 외우다。

모지 사다바야

불공여래 견색보살이 천병을 거느리고 있는 뜻。

마하 사다바야

보살종자니 곧 송주의 본신이라

마하 가로 니가야

마명보살의 본신이시니, 손에 바아라 금강저를 가지고 번뇌를 끊고 악마를 항복받는 상

옴

이 옴자는 귀신이 무릎을 꿇고 합장하여 부처님의 말씀하신 주문을 정성스럽게 듣는 것을 뜻한다.

살바 바예수

사대천왕이 마귀를 항복 받는 본신이다.

다라 나 가라야 다사명

사대천왕이 각각 지배하는 사대천왕 귀신의 이름을 뜻한다.

나막 가리다바 이맘 알야

용수 보살의 본신이시니, 이 주문을 읽을 때는 빠뜨리거나 잘못 외우면 이 보살님의 성미가 엄하시다.

바로 기제 새바라 다바

원만보살 노사나불 본신이시니, 광대하고 불가사의한 공덕이 있나이다.

니라간타 나막 하리나야

온 법계의 근본이며 청정법신이신 비로자나불의 본신이시니, 매우 조심하여 지성으로 외우라.

마발다 이사미

양두신왕이니 모든 천마로 권속을 삼는다.

살발타 사다남 수반

감로왕보살을 뜻하는데, 관세음보살의 성지에 있는 보살의 권속이다. 보살의 성지는 관세음보살의 원통교를 펴는 근본 도량인 보타낙가산에 있는 모든 구도자를 일컫는다.

아예염

비등야천왕을 말함이니, 사방을 다니면서 옳고 그른 선악을 살피느니라.

살바 보 다남

바가제신왕이니, 모양이 검고 크며, 표범의 가죽으로 갑옷을 해 입고 손에는 철퇴를 들고 정법을 옹호하는 신장이다

바바말아 미수다감

군다리보살의 본신이다 철로 만든 바퀴와 겹으로 드린 쇠줄을 들고 있으며 눈은 셋이나 되는분이다 모든 나쁜 귀신을 항복 받는 분이다

다냐타

칼을 말한다

옴 아로계 아로가 마지로가

대범천왕 본신이고, 신선들로 권속을 삼고 부락을 삼는 분이다 부락이라는 말은 삼범천 곧 대범천 범보천 범중천의 대중을 가르킨다

지가란제

제신왕을 가리킨다. 키가 크고 빛이 검은 신으로 역시 정법을 옹호하는 신이다.

혜혜 하례

욕계 육천 가운데 둘째 하늘인 三十三천을 뜻하며 마혜슈라 천신이 천
병을 거느린 것을 뜻한다 푸른색 모습을 하고 있다

마하모지 사다바

진실한 마음이니 잡난한 마음이 없는 것을 보살이란 뜻

사마라 사마라 하리나야

보살이 꾸짖고 벌주는 말 훈계하여, 중생을 제도하는 상을 보인 주문
이다

구로 구로 갈마 사 다야 사 다야

공신보살이 천대장군을 거느리고 이십만억 천병을 거느린 것

도로 도로 미연제

엄준보살이 공작왕 만병을 거느린 모습을 보이는 주문이다

마하 미연제

역시 엄준보살이 많은 군사를 거느리고 정법을 방해하는 마귀등을 항복받는 뜻

다라 다라

관세음보살이 대장부 몸을 나툰 것을 뜻한다.

다린

사자왕의 군사를 뜻하니 독송하면 반드시 가피를 입는다.

나례 새바라

벽역보살이 모든 마귀들의 권속을 항복받는 것이라.

자라 자라

최쇄보살의 본신이니, 손에 금으로 만든 보배바퀴를 들고 계신 모습을 뜻한다. 이 금륜의 신통력은 다 말할 수 없다.

마라

마귀를 남김없이 항복받는 것을 뜻한다.

미마라 아마라

대항마 금강의 본신이니 손에 금륜저를 가지고 있다

몰제

모든 부처님이 합장하고, 천수천안관자재보살이 신묘장구 외우는 뜻을 들으시는 뜻이다

예혜혜 로계 새바라

마혜수라천왕을 뜻 이 천왕은 하늘병사를 거느리고 모든 귀신들을 통솔한다

라아 미사미 나사야

관세음보살이 손에 방패와 활과 화살을 든 것이다

나베 사미사미 나사야 모하 자라 미사미 나사야

아미타불의 본신이시니, 곧 관세음보살의 본사(스승)이시다

호로호로 마라호로 하례

부처님의 정법에 생명을 걸고 보호하는 팔부신왕중을 뜻한다.

바나마 나바 사라사라

마음씨가 흐리어, 악한 마음이 극성해진 말세를 가리킨다.

시리시리

관세음보살이 일체 중생을 이익되게 불가사의한 공덕을 뜻한다.

소로소로

부처님의 나무잎 떨어지는 소리를 뜻한다. 부처님이 중생을 보시어 나무잎, 시냇물, 소리로 다 법문을 들려 깨쳐주려는 소식을 가리킨다.

못쟈못쟈

관세음보살이 고해에서 시달리는 중생들과 인연을 맺는 방편을 지으심을 뜻한다.

모다야 모다야

아란존자의 본신인데 손에 칼을 가지고 계시다.

매다리야

대거보살이 손에 금칼을 들고 마귀를 항복받는 것이다.

니라칸타

용수보살이 일체 악을 멸해 없애는 칼을 들고 서 계신 상으로 보인것이다.

가마사 날사남

이 귀절은 보당보살이 손에 철퇴를 든 무서운 모습이다

바라 하라 나야 마낙

보금광보살이 손에 금강저를 든 것을 뜻한다.

사바하

온갖 것을 속히 성취한다는 뜻이다

싯다야 사바하

일체 법문을 통달한다는 뜻이다

마하싯다야 사바하

방광보살이 손에 붉은 당을 든 것이다

싯다유예

모든 하늘보살들이 손에 금칼을 잡은 진언이다

새바라야 사바하

서역국의 안식향이라는 뜻이다.

니라칸타야 사바하

산해혜자재왕보살의 본신이며, 손에 금칼을 들고 있다.

바라하목카

보인왕보살이 손에 금도끼를 든 것이다.

싱하 목카야 사바하

약왕보살의 본신이니, 곧 중생의 모든 병을 고쳐주시는 자비의 화현이 시다

바나마 하따야 사바하

약왕보살의 본신이시니, 모든 병을 고치고 액란을 없애 주는 진언이다.

자가라 욕다야 사바하

같은 뜻이다

상카섭나네 모다나야 사바하

마하라구타 다라야 사바하

바마사간타 이사시체다 가릿나 이나야 사바하

먀가라잘마 이바사나야 사바하

나모라다나 다라 야야 나막알야 바로기제 새바

라야 사바하

○ **사방찬** (사방을 찬탄하시는 게송)

-19-

일쇄동방결도량　첫째 동방을 씻어서 도량이 깨끗하고

이쇄남방득청량　둘째 남방을 씻어서 청량함을 얻으니

삼쇄서방구정토　셋째 서방을 씻으니 정토가 일워지고

사쇄북방영안강　네째 북방을 씻어서 길이 안강하였다.

○**도량찬** (도량을 찬탄함)

도량청정무하예　도량이 깨끗해서 더러움이 없으니

삼보천룡강차지　삼보천룡 이땅에 함께 오시도다

아금지송묘진언　이제 묘한 진언을 외우나니

원사자비밀가호　자비를 베푸시여 살펴 주시옵소서

○**참회게** (참회하는 게송)

아석소조제악업 저희들이 옛날부터 지어온 바 모든 악업은

개유무시탐진치 비롯함이 없는 탐심진심 치심으로 인하여서

종신구의지소생 몸과 입과 뜻으로 생겨나온 허물을

일체아금개참회 내 이제 일체 참회하나이다.

○ **참제업장십이존불**

업장을 참회하여 멸하여 주시는 열두 분의 부처님 이름

보승장불

이 부처님의 명호는 한번만 외워도 일평생 짐승을 타고다닌 죄를 소멸한다.

보광왕화렴조불

이 부처님 명호는 한번만 외워도 상주지물을 손해한 죄를 소멸한다.

일체향화자재력왕불

이 부처님 명호는 한번만 외워도 일평생 계행을 파한 죄를 소멸한다.

백억항하사결정불

이 부처님의 명호는 한번만 외워도 살생한 죄를 소멸한다.

진위덕불

이 부처님의 명호는 한번만 외워도 사음한 죄악과 악구한 죄를 소멸한다.

금강견강소복괴산불　이 부처님의 명호는 한번만 외워도 아비 지옥에 떨어지지 않으리라.

보광월전묘음존왕불　이 부처님의 명호는 한번만 외워도 대장경을 한번 읽은 공덕과 같음.

환희장마니보적불　이 부처님의 명호를 외우는 공덕은 따로 말하지 않았으나 부처님의 공덕이 같음.

무진향승왕불　이 부처님의 명호를 생각하는 이는 곧 무량겁에 생사중죄를 초월하고 숙명지를 얻나니라.

사자월불　이 부처님의 명호는 듣기만 하드라도 무량겁의 생사중죄를 소멸함.

환희장엄주왕불　이 부처님의 명호를 듣고 귀의하여 예배하면 오백만억겁의 지은 생사중죄를멸함

제보당마니승광불　이 부처님의 명호를 듣고 귀의하면 오백만억겁의 생사중죄를 소멸함.

○ **십악참회**

살생중죄　금일참회

투도중죄　금일참회

사음중죄　금일참회

망어중죄　금일참회

기어중죄　금일참회　악구중죄　금일참회

양설중죄　금일참회　탐애중죄　금일참회

진에중죄　금일참회　치암중죄　금일참회

백겁적집죄　　백겁으로 싸인죄업

일념돈탕진　　한생각에 없어져서

여화분고초　　말을풀이 불태우듯

멸진무유여　　혼적조차 없어져라.

죄무자성종심기　심약멸시죄역망

죄망심멸양구공　시즉명위진참회

○ **참회진언**　(죄업을 참회하는 진언)

-23-

옴 살바못자모지 사다야 사바하 (세번)

준제공덕취　　준제주의 크신 공덕

적정심상송　　고요한 마음으로 늘 외우면

일체제대난　　일체 모든 어려움이

무능침시인　　능히 이 사람에게 침범하지 못하리

천상급인간　　천상이나 인간에 나는곳마다

수복여불등　　부처님처럼 복을 받으며

우차여의주　　이 여의주와 같은 진언을 만나면

정획무등등　　비길 수 없는 정을 결정코 얻으리라

나무칠구지불모대준제보살　　칠구지불모 대준제보살께 귀의 합니다.

○구지는 억이고 준제보살님은 과거 칠억 부처님의 어머니가 되셨나니라

-24-

○ 정법계진언 (법계를 깨끗이 하는 진언)

옴 남 (세번)

○ 호신진언 (몸을 보호하는 진언)

옴 치림 (세번)

이 진언을 외우면 십악 오역의 죄업을 소멸하고 병고와 재앙과 파란을 멸함.

○ 관세음보살본심미묘육자대명왕진언

(관세음보살님의 미묘하신 본심을 보이는 육자진언)

옴 마니 반메 훔(세번)

「옴」은 하늘세상, 「마」는 아수라, 「니」는 인간, 「반」은 축생, 「메」는 아귀, 「훔」은 지옥을 가르키며, 이 六도의 중생들을 제도하여 六도의 문을 닫게 한다는 뜻, 그러므로 이 六자주만 외우면 모든 위대한 공덕을 다 성취할 수 있다.

○ 준제진언 (준제 관음의 진언)

나무 사다남 삼먁삼못다 구치남 다냐타 옴 자례

주례 준제 사바하 부림(세번)

아금지송대준제 내가 이제 준제준를 지성으로 외우며

즉발보리광대원 광대한 성불함을 발하노니

원아정혜속원명 정과 혜가 속히 밝아지기 원입니다

원아공덕개성취 나로 하여금 모든 공덕 다 이루리라

원아숭복변장엄 나의 모든 공덕 장엄하기 원입니다

원공중생성성불도 모든 중생이 불도를 이뤄지이다

○ 여래십대발원문 (부처님의 열가지 큰 발원문)

-26-

원아영리삼악도　나는 삼악도를 영영 떠나기가 원이며

원아속단탐진치　나는 탐, 진, 치, 삼독을 속히 끊기가 원이며

원아상문불법승　나는 불, 법, 승, 삼보를 언제나 듣고 보기 원하며

원아근수계정혜　나는 계, 정, 혜, 삼학을 부지런히 닦기가 원하며

원아항수제불학　나는 부처 모시고 더 배우기 원하며

원아불퇴보리심　나는 보리 마음 언제나 퇴전않기 원하며

원아결정생안양　나는 결정코 안양국에 태어나기가 원하며

원아속견아미타　나는 아미타불께 만나뵙기 원하며

원아분신변진찰　나는 온갖 세계 이몸이 펼치기가 원하며

원아광도제중생　나는 모든 중생에 제도하기 원하며

○ 발사홍서원 (네가지 큰 원을 세움)

중생무변서원도　중생이 가이 없지만 기어히 건지오리라

번뇌무진서원단　번뇌가 끝이 없지만 기어히 끊으리라

법문무량서원학　법문이 한량이 없지만 맹세코 배우리라

불도무상서원성　불도가 위가 없지만 맹세코 이루리라

자성중생서원도　마음의 중생부터 맹세코 제도하리라

자성번뇌서원단　마음의 번뇌부터 맹세코 끊으리라

자성법문서원학　마음의 법문부터 맹세코 배우리라

자성불도서원성　마음의 불도부터 맹세코 이루리라

○ **발원이 귀명례삼보** (원을 일으켜 삼보께 귀의하고)

나무상주시방불 시방에 항상 계신 부처님에게 귀의하나이다

나무상주시방법 시방에 항상 계신 법보에게 귀의하나이다

나무상주시방승 시방에 항상 계신 승보에게 귀의하나이다 (세번)

○ 일반적으로 천수경 독송은 여기서 끝난다. 그러나 염불당에서 염불을 거행할 장엄염불을 계속 독송하는 것을 원칙으로 한다.

천 수 경 (후편)

○ **장엄염불**

원아진생무별념 사는 날까지 별다른 생각이 없고

-29-

아미타불독상수 　아미타부처님을 항시 따를뿐

심심상계옥호광 　생각마다 부처님의 옥호광에 매어 있고

염념불리금색상 　부처님의 금색상호를 여의지 아니하고

아집염주법계관 　내가 염주를 손에 잡고 법계를 관하니

허공위승무불관 　허공으로 줄을 만들어 통하지 못함이 없도다

평등사나무하처 　평등한 광명이 아니 비치는 곳이 어디이랴

관구서방아미타 　극락세계에 계신 아미타부처님을 구해봅시다

나무서방대교주　무량수여래불

나무아미타불 （일념으로 계속 부르시면 좋다）

2 천지팔양신주경

(당 삼장법사 의정 봉조번역)

문여시하니 일시에 불이 재비야달마성의 요
택중하사 시방이 상수하고 사중이 위요러니 이
시에 무애보살이 재대중중하사 즉종좌기하여 합
장향불하고 이백불언하시대 세존이시여 차염부
제중생이 체대상생하야 무시이래로 상속부단하
대 유식자소하고 무지자다하며 염불자소하고 구
신자다하며 지계자소하고 파계자다하며 정진자
소하고 해태자다하며 지혜자소하고 우치자다하

-31-

며 장수자소하고 단명자다하며 선정자소하고 산
란자다하며 부귀자소하고 빈천자다하며 온유자
소하고 강강자다하며 홍성자소하고 경독자다하
며 정직자소하고 곡첨자다하며 청신자소하고 탐
탁자다하며 보시자소하고 간린자다하며 신실자
소하고 허망자다하야 치사세속으로 천박 하야
관법이 도독하며 부역이 번중하고 백성이 궁고
하야 소구난득은 양유신사도견하야 획여시고하
나니 유원세존은 위제사견중생하야 설기정견지
법하사 영득오해하야 면어중고케하소서 불언선

재선재라 무애보살이 여대자비로 위제사견중생
하야 문어여래정견지법의 불가사의하리니 여등
은 제청하고 선사념지하라 오당위여하야 분별
해설 천지팔양지경하리라 차경은 과거제불이 이
설하시고 미래제불이 당설하시며 현재제불이 금
설하시나니라 부천지지간에 위인이 최승하고 최
상하야 귀어일체만물하나니 인자는 정야며 진야
라 심무허망하야 신행정진이니 좌별위정이요
우불위진이라 상행정진할새 고명위인이니 시지
하라 인능홍도하며 도이윤신하나니 의도의인하

면 개성성도하리라 부차무애보살이 일체중생이
기득인신하야 불능수복하고 배진향위하여 조종
종악업타가 명장욕종에 침윤고해하여 수종종죄
하나니 약문차경하고 신심불역하면 즉득해탈제
죄지난하야 출어고해하며 선신이 가호하여 무
제장애하고 연년익수하야 이무횡요할새 이신력
고로 획여시복이어늘 하황유인이 진능서사하고
수지독송하며 여법수행하면 기공덕은 불가칭이
며 불가량하야 무유변제하야 명종지후에 병득
성불하리라 불고무애보살마하살하사대 약유중

생이 신사도견하야 즉피사마외도와 이매망량과 조명백괴와 제악귀신이 경래뇌란으로 여기횡병호대 악종악주악오로 수기통고하야 무유휴식이라도 우선지식하야 위독차경삼편하면 시제악귀가 개실소멸하야 병즉제유하야 신강력족하나니 독경공덕으로 획여시복이니라 약유중생이 다어음욕하며 진에우치하며 간탐질투라도 약견차경하고 신경공양하며 즉독차경삼편하면 우치등악이병개제멸하며 자비희사로 득불법문이니라 부차무애보살이 약선남자와 선여인이 홍유위법하

되 선독차경삼편하고 축장동토하며 안입가택하

되 남당과 북당과 동서와 서서와 주사객옥과 문

호정조와 대애고장과 육축난혼하면 일유월살과

장군태세와 황번표미와 오토지신과 청룡백호와

주작현무와 육갑금휘와 십이제신과 토위복용과

일체귀매가 개실은장하야 원병타방하고 형소영

멸하야 불감위해하며 심대길리하야 득복무량하

리라 선남자야 홍공지후에 당사영안하고 옥택

이뇌고하며 부귀길창하야 불구자득하며 약욕

원행종군커나 사환홍생하면 심득의리하야 문홍

인귀하며 백자천손으로 부자효하며 남충여정
하며 형공제순하고 부처화목하며 신의독친하야
소원성취하리라 약유중생이 흘피현관구계하야
도적견만이라도 잠독차경삼편하면 즉득해탈하
리라 약유선남자와 선여인이 수지독송하고 위
타인하야 서사천지팔양경자는 설입수화라도 불
피분표하고 혹재산택이라도 호랑이 병적하야
불감박서하며 선신이 위호하여 성무상도하리라
약부유인이 다어망어기어와 악구양설이라도 약
능수지독송차경하면 영제사과하고 득사무애변

하야 이성불도하며 약선남자선여인등이 부모유

죄하야 임종지일에 당타지옥하야 수무량고라도

기자즉위독송차경칠편하면 부모즉리지옥하고 이

생천상하여 견불문법하고 오무생인하야 이성불

도하리라 불고무애보살하사대 비바시불시에 유

우바새우바니하야 심불신사하고 경중불법하며

서사차경하야 수지독송하되 수작즉작하고 일무

소문하며 이정신고로 겸행보시하되 평등공양하

고 득무루신으로 성보리도하나니 호왈보광여래

웅정등각이라 겁명은 대만이요 국호는 무변이

며 단시인민이 행보살도하되 무소득법하니라 부

차무애보살아 차천지팔양경이 행염부제하면 재

재처처에 유팔보살과 제범천왕과 일체명령이

위요차경하고 향화공양하여 여불무이하나니라

불고무애보살마하살하사되 약선남자 선여인등

이 위제중생하야 강설차경하면 심달실상하여 득

심심리하되 즉지신심이 불신법심이라 소이능지

즉지혜니 안상견종종무진색하되 색즉시공이요

공즉시색이라 수상행식도 역공하나니 즉시묘색

신여래며 이상문종종무진성호되 성즉시공이요

공즉시성이라 즉시묘음성여래며 비상후종종무
진향호되 향즉시공이요 공즉시향이라 즉시향적
여래며 설상요종종무진미호되 미즉시공이요 공
즉시미라 즉시법희여래며 신상각종종무진촉호
되 촉즉시공이요 공즉시촉이라 즉시지승여래며
의상사상분별종종무진법호되 법즉시공이요 공
즉시법이라 즉시법명여래니라 선남자야 차육근
이 현현하되 인개구상설기선어하여 선법상전하
면 즉성성도호고 설기사어하야 악법상전하면 즉
타지옥하나니 선남자야 선악지리를 부득불신가

선남자야 인지신심이 시불법기며 역시십이부대

경권야어늘 무시이래로 전독부진하여 불손호모

하나니 여래장경은 유식심견성자지소능지요 비

제성문범부의 소능지야니라 선남자가 독송차경

하야 심해진리하면 즉지신심이 시불법기어니와

약취미불성하면 불요자심이 시불법근본하고 유

랑제취하야 타어악도하고 영침고해하여 불문불

법명자하리라 이시에 오백천자가 재대중중하여

문불소설하고 득법안정하야 개대환희하며 즉발

무등등아뇩다라삼먁삼보리심하니라 무애보살이

부백불언하되 세존이시여 인지재세에 생
사위중이나 생불택일하고 시지즉생하고사
불택일하고 시지즉사어늘 하인빈장하야 즉
문양진길일하고 연시빈장하되 빈장지후에 환
유방해하여 빈궁자다하고 멸문자 불소닛고
유원세존이시여 위제사견무지중생하야 설기
인연하사 영득정견하고 제기전도하소서 불언
선재선재라 선남자야 여실심는문어중생의 생사
지사와 빈장지법하니 여등은 제청하라 당위여
설지혜지리와 대도지법하리라 부천지 광대청하

며 일월광장명하며 시년선선미하야 실무유이니
라 선남자야 인왕보살이 심대자비하야 민념중
생하되 개여적자하며 하위인주하여 작민부모하
되 순어속인하여 교민속법하며 유작역일하사 반
하천하하여 영지시절이어늘 위유만평성수개제
지자와 접위파살지문이라 우인은 의자신용하여
무불면 기흥 화코저하며 우사사로 압진하고
설시도비하여 만구사신하며 배아귀하야 각초앙
자수고하나니 여시인배는 반천시하고 역지리하
야 배일월지광명하고 상투암실하며 위정도지광

-43-

로하야 항심사경이라 전도지심야니라 선남자야
산시에 독송차경삼편하면 아즉이생하고 심대길
이하여 충명이지하고 복덕구족하여 이불중요하
고 사시에 독송차경삼편하면 일무방해하고 득
복무량하리라 선남자야 일일호일이며 월월호월
이며 년년호년이며 실무간격이니 단판즉수빈장
하고 빈장지일에 독송차경칠편하면 심대길리하
야 획복무량하며 문영인귀하고 영년익수하며 명
종지일에 병득성성하리라 선남자야 빈장지지를
막문동서남북안온지처니 인지애락은 귀신도 애

락이라 즉독차경삼편하고 변이수영하며 안치묘

전하면 영무재장하고 가부인홍하야 심대길리하

리라 이시에 세존이 욕중선차의하사 이설게언

하사대 영생선선일이며 휴빈호호시라 생사독송

경하면 심득대길리니라 월월선명월이요 연연대

호년이라 독경즉빈장하면 영화만대창이니라 이

시중중에 칠만칠천인이 문불소설하고 심개의해

하야 사사귀정하며 득불법분하야 영단의혹하고

개발아눅다라삼먁삼보리심하나니라 무애보살이

부백불언하사대 세존하일체범부가 개이혼구로

위친하되 선문상의하고 후취길일하야 연시성친

이나 성친지후에 부귀해로자소하고 빈궁생리사

별자다하니 일종신사하되 여하이유차별이닛고

유원세존하 위결중의하소서 불언하사대 선남자

야 여등은 제청하라 당위여설하리라 부천음지

양하며 월음일양하며 수음화양하며 남양여음이

니 천지기합하야 일체초목이 생언하고 일월이

교운하야 사시팔절이 명언하고 수화상승하야 일

체만물이 숙언하고 남녀운해하야 자손이 홍언

하나니 개시천지상도라 자연지리며 세제지법이

니라 선남자야 우인은 무지하야 신기사사하며

복문망길하야 이불수선하고 조종종악업이라가

명종지후에 부득인신자는 여지갑상토하고 타어

지옥하야 작아귀축생자는 여대지토니라 선남자

야 부득인신하야 정신수선자는 여지갑상토하고

신사조악업자는 여대지토니라 선남자야 욕결혼

친인댄 막문수화상극과 포태상압과 년명부동하

고 유간록명서하야 즉지복덕다소하야 이위권속

하고 호영지일에 즉독차경삼편하야 이이성례하

면 차내선선상잉하고 명명상속이라 문고인귀하

고 자손이 홍성하며 총명이지하고 다재다예하
며 효경상숭하고 심대길리하야 이불중요하며복
덕구족하고 개성불도하리라 시유팔보살이 숭불
위신하야 득대총지하며 상처인간하야 화광동진
하고 파사입정하며 도사시처팔해하되 이불자이
하니 기명왈발타라보살루진화며 나린갈보살누
진화며 교목도보살루진화며 나라달보살루진화며
수미심보살루진화며 인저달보살루진화며 화륜조
보살루진화며 무연관보살루진화라 시팔보살이

구백불언하사대 세존하 아등이 어제불소에 수득
다라니신주하니 이금설지하야 옹호수지독송천
기팔양경자하야 영무공포케하며 사일체불선지
물로 부득침손독경법사케하리라 즉어불전에 이
설주왈아거니거니아비라만예만다예세존하 약
유불선자가 욕래뇌법사하면 문아설차주하고 두
파작칠분을 여아리수지하리라 이시에 무변신보
살이 즉종좌기하야 전백불언하사대 세존이시여
운하명위천지팔양경이닛고 유원세존은 위제청

중하야 해설기의하사 영득각오하야 속달심본하고 입불지견하야 영단의회케하소서 불언하사대 선재선재라 선남자야 여등은 제청하라 오금위 여하야 분별해설천지팔양지경하리라 천자는 양야요 지자는 음야며 팔자는 분별야요 양자는 명해야니 명해대승무위지리하야 요능분별 팔식인연이 공무소득이니라 우운팔식은 위경하고 양명은 위위니 경위상투하야 이성경교라 고로 명팔양경이니라 팔자는 시팔식이니 육근이 시육

식이요 함장식과 아뢰야식이 시명팔식이라 명

분별팔식근원이 공무소유하면 즉지양안은 시광

명천이리라 광명천중에 즉현일월광명세존이며

양이는 시성문천이니 성문천중에 즉현무량성여

래며 양비는 시불향천이니 불향천중에 즉현향

적여래며 구설은 시법미천이니 법미천중에 즉

현법희여래며 신은 시노사나천이니 노사나천중

에 즉현성취노사나불과 노사나경상불과 노사나

광명불이며 의는 시무분별천이니 무분별천중에

즉현부동여래대광명불이며 심은시법계천이니 법계천중에 즉현공왕여래며 함장식천에 연출아나함경과 대반열반경이며 아뢰야식천에 연출대지도론경과 유가론경이니라 선남자야 불즉시법이요 법즉시불이니 합위일상하야 즉현대통지승여래니라 불설차경시에 일체대지가 육종진동하고 광조천지하야 무유변제하고 호호탕탕하야 이무소명이라 일체유명은 개실명랑하고 일체지옥은 병개소멸하며 일체죄인은 구득이고니라 이시에

대중지중의 팔만팔천보살이 일시성불하니 호왈

공왕여래응정등각이라 겁명은 이구요 국호는무

변이니 일체인민이 개행보살육바라밀하대 무유

피차하며 증무쟁삼매하야 체무소득하고 육만육

천의 비구와 비구니와 우바새와 우바니는 득대

총지하야 입불이법문하고 무수천용야차와 건달

바와 아수라와 가루라와 긴나라와 마후라가와

인비인등은 득법안정하야 행보살도하니라 선남

자야 약부유인이 득관등위지일과 급신입염택지시

에 잠독차경삼편하면 심대길이하야 선신이 가
호하고 연년익수하야 복덕이 구족하나니 선남
자야 약독차경일편하면 여독일체경일편이요 약
사일권하면 여사일체경일부라 기공덕은 불가칭
하며 불가량하며 등허공하야 무유변제하며 성
성도과리라 부차무변신보살마하살아 약유중생
이 불신정법하야 상생사견타가 홀문차경하고 즉
생비방하대 언비불설이라하면 시인은 현세에 득
백나병하야 악창농혈이 변체고류하며 성조취예

를 인개중질타가 명종지일에 즉타아비무간지옥
하야 상화철하하고 하화철상하며 철창철차는변
체천혈하며 융동관구에 근골이 난괴하야 일일
일야에 만사만생으로 수대고통하야 무유휴식이
니 방사경고로 획죄여시니라 불위죄인하야 이
설게언하사대 신시자연신이요 오체자연족이며
장내자연장이요 노즉자연노며 생내자연생이요
사즉자연사라 구장부득장이요 구단부득단이라
고락여자당하고 사정유여이라 욕작유위공인데

독경막문사니 천천만만세에 득도전법륜이니라

불설차경이하시니 일체대중이 득미증유하야 심

명의정에 환희용약하며 개견제상이 비상하고 입

불이지견하고 오불지견하야 무입무오하고 무지

무견하야 부득일법이 즉열반낙하더라

③ 고왕경

관세음보살 나무불 나무법 나무승 불국유연

불법상인 상락아정 유연불법 나무마하반야바라

밀 시대신주 나무마하반야바라밀 시대명주 나

무마하반야바라밀 시무상주 나무마하반야바라

밀 시무등등주 나무정광비밀불 법장불 사자후

신족유왕불 불고수미등왕불 법호불 금강장사자

유희불 보승불 신통불 약사유리광불 보광공덕산

왕불 선주공덕보왕불 과거칠불 미래현겁천불

천오백불 만오천불 오백화승불 백억금강장불 정

광불 육방육불명호 동방보광월전묘음존왕불 남

방수근화왕불 서방조왕신통염화왕불 북방월전

청정불 상방무수정진보수불 하방선적월음왕불

무량제불 다보불 석가모니불 미륵불 아촉불 아

미타불 중앙일체중생 재불토계중자 범왕제석 행

주어지상급 재허공중 자우어일체중생 각령안은

휴식 주야수지신심 상구송차경 능멸생사고 소복

어독해 나무대명관세음 관명관세음 고명관세음

개명관세음 약왕보살 약상보살 문수보살 보현보

살 허공장보살 지장보살 보광여래화숭보살 염

념송차게 칠불세존즉설주왈

이바이바제 구하구하제 다라니제 니하라제

비리니제 마하가제 진령갈제 사바하

시방관세음 일체제보살 서원구중생 칭명실해탈

약유박복자 은근위해탈 단시유인연 독송구불절

송경만천편 염념심부절 화염불능상 도병입최절

에노생환회 사자변성활 막언차시허 제불불망설

○ 찬 어

고왕관세음 능구제고액 임위급난중 제사득해탈

배념팔보살 지송만천편 박복불신자 중죄개소멸

제불어불허 시고응정례

4 관세음보살몽수경

나무관세음보살 나무불 나무법 나무승 여불유
인 여불유연 불법상인 상락아정 조념관세음 모
념관세음 염념종심기 염불불이심 천라신 지라신
인리난 난리신 일체재앙 화위진 나무마하반야바
라밀

○ **팔대보살명호**

나무관세음보살 나무보현보살 나무미륵보살
나무허공장보살 나무지장보살 나무제재장보살

나무묘길상보살　나무금강수보살

⑤ 관세음보살신주경

나무대자대비구고난 광대영감백의관세음보살

나무불 나무법 나무승 단야타 옴 가라바다

가라바다 가하나 라가바다 라가바다 사바하

천라신 지라신 인리난 난리신 일체재앙화위진

남무마하반야바라밀

⑥ 수생경 (전생후생 모든죄를 소멸하는 경문이다。)

대성세웅 천인존 상이자심 민일체 선재일체지

도자 세간혹암작조명 시고아금귀명령 유원위아

작증명 아금지송 수생경 여경소설 진공덕 보득

성취획자재 일체재장 영소멸 나무시방 상주불

나무시방상주법 나무시방상주승

살마하살 나무연수왕보살마하살 나무증복수보

살마하살 나무소재장보살마하살 나무구고구난

관세음보살마하살 나무장인락보살마하살

나무장환희보살마하살 나무해원결보살마하살

나무복수왕보살마하살 나무연수장보살마하살

본택용신토지죄소멸 살생해명죄소멸

전생업원죄소멸

금생부모죄소멸　　　　전생부모죄소멸

금성 목성 수성 화성 토성 태양성 태음성 라후

성계도성 자기성 월패성 원제성 불조복성 장엄

성 사시무병 팔절무재 즉설주왈 천라주 지라주

일월황라주 일체원가리아신 마하반야바라밀 원

이차공덕 보급어일체 아등여중생 개공성불도

7 반야심경

마하반야바라밀다심경

관자재보살 행 심반야바라밀다시 조견오온개

공도 일체고액 사리자 색불이공 공불이색 색즉

시공 공즉시색 수상행식 역부여시 사리자 시제

법공상 불생불멸 불구부정 부증불감 시고공중

무색 무수상행식 무 안이비설신의 무색성향미촉

법 무안계 내지무의식계 무무명 역무무명진내지

무노사 역무노사진무 고집멸도 무지 역무득 이무

소득고 보리살타 의반야바라밀다 고심무가애 무

가에고 무유공포 원리 전도몽상 구경열반 삼세

제불의 반야바라밀다 고득 아뇩다라삼약삼보리

고지 반야바라밀다 시 대신주 시대명주 시무상

주시무등등주 능제일체고 진실불허 고설 반야

바라밀다주 즉설주왈 아제아제 바라아제 바라

숭아제 모지 사바하 (세번)

※ 이 경은 팔만대장경을 요약한 것으로서 어떤 의식이든 천수경 다음 독송하며 간락한 의식을 할시는 반야심경만 삼편 읽어도 된다.

○ 심경해석

크고 넓은 지혜로 저 언덕에 건너가는 마음의 경이라. 관자재보살이 크고 넓은 지혜로 행할때 다섯가지 쌓인것이 다 공한줄로 보아서 일체 고가되고 액이됨을 제도했나니라. 사리자야 빛이 공과 다르지 아니하고 공이 빛과 다르지 아니하며 빛이 곧 공이요 공이 곧 빛이라 받는 거와 생각하는거와 변천하는거와 아는것이 또 한 이와 같으니라. 사리자야 이 모든 법의 공한 상은 생하지도 아니하고 멸하지도 아니하고 더 럽지도 아니하며 깨끗하지도 아니하고 더하지 도 아니하고 덜하지 아니하나니 이런고로 공 한가운데는 빛도 없고 받는것 생각하는것 변천 하는것 아는것도 없고 눈과 귀와 코와 혀와 몸 과 뜻도 없으며 빛과 소리와 향기와 맛과 닿치 는 법도 없으며 보는 경계도 없으며 내지 뜻으로 아는 경계까지 없나니 고로 무명도 없으며 또한 무명이 다해 없어짐도 없으며 내지 늙고 죽는것도 없으며 또한 늙고 죽는것이 없어짐도 아니 고와 집과 멸과 도도 없으며 지혜도 없고 또한 얻은것도 없나니 얻은바가 없는고로 보리살타가 지혜로 저언덕에 건너갈때 마음이 걸림이 없고 마음이 걸림이 없는 전차로 두려움이 없고 뒤바뀌어지는 꿈 생각을 여의어서 필경열반에 드시며 삼세 모든 부처님이 지혜로 저 언덕에 건너가는 전차로 위없는 바르고 옳고 깨달음을 얻으시나니 그러므로 알째라 지혜로 저 언덕에 건너감이 이 크게 신통한 주문이며 이 크게 밝은 주문이며 이 위없는 주문이며 이 무엇에 비길수 없는 주문이라 능히 일체 고액을 제해버리어서 진실하고 헛되지 아니하니 지혜로 저 언덕에 건너가는 주문을 설하니 그 주문에 가로대

아제아제 바라아제 바라숭아제 모지 사바하

⑧ **화엄경약찬게**

대방광불화엄경 용수보살약찬게 나무화장세계해

비로자나진법신 현재설법노사나 석가모니제여래

과거현재미래세 시방일체제대성 근본화엄전법륜

해인삼매세력고 보현보살제대중 집금강신신중신

족행신중도량신 주성신중주지신 주산신중주림신

주약신중주가신 주하신중주해신 주수신중주화신

주풍신중주공신 주방신중주야신 주주신중아수라

가루라왕긴나라 마후라가야차왕 제대용왕구반다

건달바왕월천자 일천자중도리천 야마천왕도솔천

화락천왕타화천 대범천왕광음천 변정천왕광과천

대자재왕불가설 보현문수대보살 법혜공덕금강당

금강장급금강혜 광염당급수미당 대덕성문사리자

급여비구해각등 우바새장우바이 선재동자동남녀

기수무량불가설 선재동자선지식 문수사리최제일

덕운해운선주승 미가해탈여해당 휴사비목구사선

숭열바라자행녀 선견자재주동자 구족우바명지사

법보계장여보안 무렴족왕대광왕 부동우바변행외

우바라화장자인 바시라선무상승 사자빈신바수밀

비슬지라거사인 관자재존여정취 대천안주주지신

바산바연주야신 보덕정광주야신 회목관찰중생신

보구중생묘덕신 적정음해주야신 수호일체주야신

개부수화주야신 대원정진력구호 묘덕원만구바녀

마야부인천주광 변우동자중예각 현승견고해탈장

묘월장자무승군 최적정바라문자 덕생동자유덕녀

미륵보살문수등 보현보살미진중 어차법회운집래

상수비로자나불 어련화장세계해 조화장엄대법륜

시방허공제세계 역부여시상설법 육육육사급여삼

일십일일역부일 세주묘엄여래상 보현삼매세계성

화장세계노사나 여래명호사성제 광명각품문명품

정행현수수미정 수미정상게찬품 보살십주범행품

발심공덕명법품 불승야마천궁품 야마천궁게찬품

섭행품여무진장 불승도솔천궁품 도솔천궁게찬품

십회향급십지품 십정십통십인품 아승지품여수량

보살주처불부사 여래십신상해품 여래수호공덕품

보현행급여래출 이세간품입법계 시위십만게송경

삼십구품원만교 풍송차경신수지 초발심시변정각

안좌여시국토해 시명비로자나불

⑨ **법화경 약찬게**

일승묘법연화경 보장보살약찬게 나무화장세계해

왕사성중기사굴 상주불멸서가존 시방삼세일체불

종종인연방편도 항전일승묘법륜 여비구중만이천

누진자재아라한 아야교진대가섭 우루빈나급가야

나제가섭사리불 대목건련가전연 아로누다겁빈나

교범바제이바다 필릉가바박구라 마하구치라난타

손타라여부루나 수보리자여아란 나후라등대비구

마하바사바제급 나후라모야수다 비구니등이천인

마하살중팔만인 문수사리관세음 득대세여상정진

불휴식급보장사 약왕용시급보월 월광만월대력인

무량력여월삼계 발타바라미륵존 보적도사제보살

석제환인월천자 보향보광사천왕 자재천자대자재

사바계주범천왕 시기대범광명범 난타용왕발란타

사가라왕화수길 덕차아나바달다 마나사용우바라

법긴나라묘법왕 대법긴나지법왕 악건달바악음왕

미건달바미음왕 바치가라건타왕 비마질다라수라

나후아수라왕등 대덕가루대신왕 대만가루여의왕

위제희자아사세 각여약간백천인 불위설경무량의

무량의처삼매중 천우화사지육진 사중팔부인비인

급제소왕전륜왕 제대중득미증유 환희합장심관불

불방미간백호광 광조동방만팔천 하지아비상아가

중생제불급보살 종종수행불법승 열반기탑차실견

대중의염미륵문 문수사리위결의 아어과거견차서
즉설묘법여당지 시유일월등명불 위설정법초중후
순일무잡범행상 설응제연육도법 영득아녹보리지
여시이만개동명 최후팔자위법사 시시육서개여시
묘광보살구명존 문수미륵기이인 덕장견만대요설
지적상행무변행 정행보살안립행 상불경사숙왕화
일체중생희견인 묘음보살상행의 장엄왕급화덕사
무진의여지지인 광조장엄약왕존 약상보살보현존
상수삼세시방불 일월등명연등불 대통지승여래불
아촉불급수미정 사자음불사자상 허공주불상멸불

제상불여범상불　아미타불도고뇌　다마라불수미상

운자재불자재왕　괴포외불다보불　위음왕불일월등

운자재등정명덕　정화숙왕운뢰음　운뢰음숙왕화지

보위덕상왕여래　여시제불제보살　이금당래설묘법

어차법회여시방　상수서가모니불　운집상종법회중

점돈신자용녀등　일우등주제수초　서품방편비유품

신해약초수기품　화성유품오백제　수학무학인기품

법사품여견보탑　제바달다여지품　안락행품종지용

여래수량분별공　수희공덕법사공　상불경품신력품

촉루약왕본사품　묘음관음보문품　다라니품묘장엄

보현보살권발품 이십팔품원만교 시위일승묘법문

지품별개개구족 독송수지신해인 종불구생불의부

보현보살내수호 마귀제뇌개소제 불탑세간심의직

유정억념유복덕 망실구게영통리 불구당예도량중

득대보리전법륜 시고견자여경불 나무묘법연화경

영산회상불보살 일승묘법연화경 보장보살약찬계

10 불설부정경(一)

천상부정　지하부정　원가부정　근가부정

대문부정　중문부정　개견부정　우마부정

금석부정 수화부정 토목부정 인물부정

오방부정 사해부정 점개부정 칙거부정

조정부정 방청부정 년월일시 사부정

천상지하부정소멸 원근가내 대중소문부정소멸

개견우마 금석수화토목인물부정소멸 오방사해점

개칙거조정방청 내외부정소멸 년월일시 사부정소

멸 정칠월인신 이팔월황천 삼구월천라 사시월지

망 오지월수중 육납월십왕부정 개실소멸 동서

남북 사해팔방 이십사방부정개실소멸 태세새살

세파방 부정개실소멸 산수생화 부정개실 소멸

종종부정 속거타방 만리지외 옴 급급여율령 사바하

11 불설부정경(二)

천지청명 하옵신데 천지건곤 음양부정 일월성 신부정 상문백호상사부정 춘하추동사시부정 주 야부정 삼부정 사부정 인간남녀왕래부정 삼살동 토부정 외색박색넉마부정 죽은년신수부정 오 방오제부정 동네방내부정 동방에청제부정 남방

-79-

에적제부정 서방에백제부정 북방에흑제부정 중
앙에황제부정 십이신장부정 이십팔방부정 사면
팔방부정 북두칠성부정 육갑신장부정 청룡지신
부정 산신선왕부정 인물왕래부정 제형숙백귀신
부정 사해용왕부정 조왕화신부정 방청부정 계
견우마부정 마구칙간부정 정천부정 태세세살세
파부정 년월일시살부정 차가정일체원가부정 객
귀는 원문타방 만리밖으로 속거퇴주하라
옴 급급여률령

○육주문

벌충제자 모생모성인이 절소식이하고 엄정의 관하고 정심정계하야 고지랑숭하오니 심물괴망 커든 무제단속하시고 소원독축을 일시감응하옵소서

○ **정심신주**

태상태성 응변무정 구사박귀 보명호신 지혜 명정 심신안녕 삼혼영구 백무상경 급급여률령

○ **정구신주**

단주구신 토예제분 실신정륜 통명양신 라천치

신 각사위원후신 호분기신 인진심신 단원영아

통진사신련액 도기장존

급급여률령

○ 정신신주

일왈여령 이왈세세선인 부귀옥녀소행 천사만

인을 축원하오니 신수봉행하옵시고 운수대길하

옵기를 령보천존 안위신령 제자혼백 오장현명

청룡 백호 대장부운 주작 현무 신위오신

급급여률령

○ **정오방내외 안토지신주**

원신안진보고 만리악독진관 토지기령 좌사우

직 불득망경 회향장도 내외숙경 각안방위 비수

단정 태상유명 수포사정 호법신왕 보위송경 귀

의대도 원형리정

급급여률령

○ **정천지 해예신주**

천지정명 예기분산 동중현허 황랑태원 팔방위

신사 아자연령보부명 보고구천 건라답사 동강

태현 참요박사 도기만천 중산신주 원시옥운 거

송일편 각병연령 안행오악 팔해지문 마왕속수

시위아현 흉예소탕 도기상존

급급여률령

○ 금광신주

천지현종 만기거근 광수억겁 증아신통 삼계내

외 유도독존 체유금광 부영오신 시지불견 청지

불문 포라천지 양육군생 수지만원 신유광명 삼

계시위 오제사영 만신조례 역사뢰정 귀요상담

정의망형 내유벽력 뢰신은행 제발경울 기히란

왈 훔 파결리 허돈운필기리치오루 진히불연존

역 수호살흘도라박 리준측봉행 동혜교철 오기

휘등 금광속현 부호진인 급급여률령

합천해인사 팔만대장경 문을열어 각현현연주

천황천황 보화시방 무도하면 불응하고 무구하면

불생하고 양양음 만구성광 구오자는 형영하고

역오자는 망하나니 옥문보존 송창길창 사명수위

12 태을보신경

태상왈 황천생아 황지재아 일월조아 성신영아
제선거아 사명영아 태을림아 옥신도아 삼관보아
오제우아 북신상아 남극우아 금동시아 옥녀배아
육갑직아 육정진아 천문개아 지호통아 산택용아
강하도아 풍우송아 뢰정순아 팔괘준아 구궁둔아
음양종아 오행부아 사시성아 아명착아 태청현석

삼궁승아 상하왕래 무궁불식 금반옥장 면구개지

허범일월 여천위철 은표성구 비작보대 소구자득

소면자향 소위자합 소욕자성 종종변화 여도합신

하명불복 하명불행 전유주작 후유현무 좌유백호

우유청룡 상정화개 하섭괴강 신통광명 위진시방

애아자생 악아자앙 모아자사 증아자망 령동선녀

파췌금강 삼천육백 상재아방 집절봉부 여아동유

정정보화 도금옥부 태상섭아 경천대길 이십사부

여성역구 천지만물 각각자순 각각자복 팔방제신

자연복종 자연령험 만수동정 일일예보 명령봉행

일체무위 원언여시

급급여률령

13 경의태서 (신명이 내려와서 소소히 밝히라는 경문)

유상길일 신앙하오며 천지개창하시고 신명은, 감응하시나니 천하언재시며 지하언재시리요 고지 즉 응하고 응기즉 신하시나니 신기령인즉 감이 순통하시나니 부대인자는 여천지합기덕하고 여일월합기명하며 여사시로 합기서하고, 여신령으로 합기길흉화복을 판단하시나니 선천은

천복으로 하시고 후천이봉천시하야 전차불이어

든 황어인위하고 황어귀신 호항일주로 정성 복

청하오니 복희신농 요순우탕 문무주공 오대부

급대성자와 선왕칠십이계시며 제갈무후선생은

우순풍원하시고 소강절선생은 감이순통하시고

원정팔팔은 육십사괘중이니 일쾌로 시시하시되

상기상쾌로 베푸소서

해동대한민국 모시 구 동 번지

제자 모생 모시

대행법사 모생 모성명

14 관세음구고경

남무 구고 관세음 보살 백천만억불 항하사수불
무량공덕불 불고 아란언 차경 대성 능구옥수
능구 중병 능구 백난고 약유인 독송 일천편 일
신 이고난 독송 일만편 합가 이고난 남무 불력
위 남무 불력호 호차무악심 영인신득도 회광보
살 혜선보살 아육대천왕 정전보살 마휴마휴 청
정비구 관사득산 사사득휴 제대보살 오백나한
구호제자 실개이고난 자연관세음 영락불수해 근

독천만편 가쇄 자연득해탈 신수봉행 즉설주왈

리바 리바제 다라니제 이하나제 모지 사바하

관음 신주 남무불 남무법 남무승 남무 구고구

난 관세음보살 다냐타 옴 가라바다 가라바다 가

하바다 나가바다 나가바다 사바하 천라신 지라

신 인리난 난리신 일체재앙화위진

백의대자 오인심다라니 게수대자 바라게제 종

문사수 입삼마지 진해조음 응인간세 수유희구

필획여의

15 관세음사십이수주문

○ 관세음보살여의주수진언 (보배와 재물을 마음대로얻 고자하는 진언)

옴 바아라 바다라 훔바탁

○ 관세음보살견색수진언 (불안에서 안락을 구하는 진언)

옴 기리나라 모나라 훔 바탁

○ 관세음보살보발수진언 (병고를 없게하는 주문)

옴 기리기리 바아라 훔 바탁

○ 관세음보살보검수진언 (잡귀등을 쫓아내는 진언)

옴 제세제야 도미니 도제 삿다야 훔 바탁

-92-

○관세음보살발절라수진언 (일체천마의도를 진압하는 진언)

옴 이베이베이뱌 마하시리예 사바하

○관세음보살금강저수진언 (모든 원적을 꺾어없애는 진언)

옴 바아라 아니바라 넙다야 사바하

○관세음보살시무외수진언 (두려울 때에 외우는 진언)

옴 아라 나야 훔 바탁

○관세음보살일정마니수진언 (어두운 눈을 광명을 얻고자 하는 진언)

옴 도비가야 도비바라 바리니 사바하

○관세음보살월정마니수진언 (모든 병에서 낫고자 하는 진언)

옴 소시지 아리 사바하

○관세음보살보궁수진언　(높은 벼슬을 구하고자 하는 진언)

옴 아자미례 사바하

○관세음보살보전수진언　(착한 친구를 만나고자 하는 진언)

옴 가마라 사바하

○관세음보살양류지수진언　(병고를 소멸코자 하는 진언)

옴 소싯지 가리 바리다 남다 목다예 바아라 바아라 반다 하나 하나 훔 바탁

○관세음보살백불수진언　(일체 장애를 소멸하는 진언)

옴 바나미니 바아바제 모하야 아아모하니 사바하

○관세음보살보병수진언 (모든 권속이 화합하는 진언)

옴 아례 삼만염 사바하

○관세음보살방패수진언 (맹수 등을 물리치는 진언)

하 약삼나나야 전나라다 노발야 바샤바샤 사바

옴 ○관세음보살월부수진언 (관재구설이 없게하는 진언)

옴 미라야 미라야 사바하

○관세음보살옥환수진언 (자손을 얻고 자하는 진언)

옴 바나남 미라야 사바하

○관세음보살백련화수진언 (공덕을 성취하려는 진언)

옴 바아라 미라야 사바하

○관세음보살청련화수진언 (서방정토에 나가기를 구하는 진언)

옴 기리기리 바아라 불반다 훔 바탁

○관세음보살보경수진언 (지혜를 얻으려는 진언)

옴 미쁘라나 락사 바아라 만다라 훔 바탁

○관세음보살자련화수진언 (부처님을 면대해 보고자 하는 진언)

옴 사라사라 바아라 가라 훔 바탁

○관세음보살보협수진언 (보물을 얻으려 하는 진언)

옴 바아라 바샤가리 아나 맘라 훔

○관세음보살오색운수진언 (신선의 도를 성취해 보고자 하는 진언)

옴 바아라 가리 라타 맘타

옴
○관세음보살군지수진언 (남을 구하는 진언)

옴 바아라 서카 로타 맘타

옴
○관세음보살홍련화수진언 (천궁에 나고자 하는 진언)

옴 상아레 사바하

옴
○관세음보살보극수진언 (원수를 물리치는 진언)

옴 삼매야 기니 하리 훔 바탁

옴
○관세음보살보라수진언 (고자 하는 진언) (제천선신을 만나)

옴 상아례 마하 삼만염 사바하

옴
○관세음보살촉루장수진언 (자 하는 진언) (귀신을 부리고)

옴 도나바아라 혹

○**관세음보살수주수진언** （부처님의 구원을 비는 진언）

나모라 다나 다라 야야 옴 아나바데 미아예 시

디 싯달데 사바하

○**관세음보살보탁수진언** （미묘법을 성취하려는 진언）

나모 바나맘 바나예 옴 아마리 답아베 시리예

시리 탐리니 사바하

○**관세음보살구시철구수진언** （용왕에게 옹호를 구하는 진언）

옴 아가로 다라 가라 미사예 나모 사바하

○**관세음보살보인수진언** （구변이 교묘함을 구하는 진언）

옴 바아라 네담아예 사바하

○관세음보살석장수진언 (중생을 구해 주는 진언)

옴 날디 날디 날타바디 날제 나야바니 훔 바탁

○관세음보살합장수진언 (누구에게든 공경함을 구하려는 진언)

옴 바나만 아링 하리 사바하

○관세음보살화불수진언 (어느때나 부처님 곁을 떠나지 않는 진언)

옴 젼나라 바맘타리 가리 나기리 나기리니 훔

○관세음보살화궁전수진언 (항시 부처님 궁전에 있고자 하는 진언)

옴 미사라 미사라 훔 바탁

○관세음보살보경수진언 (많이 듣고 배우고 자 하는 진언)

옴 아하라 살 바미냐 다라 보니제 사바하

○관세음보살불퇴금륜수진언 (성불시까지 보리심을 퇴치하는 진언)

옴 셔나미자 사바하

○관세음보살정상화불수진언 (끝까지 성불이 되고자 하는 진언)

옴 바아리니 바아람예 사바하

○관세음보살포도수진언 (곡식과 과실이 번성함을 원하는 진언)

옴 아마라 검제이니 사바하

○관세음보살총섭천비진언 (삼천세계 마군등을 진압하는 진언)

다냐타 바로기제 새바라야 살바도따 오하미야

사바하

○ **관세음보살감로수진언** (중생이 기갈로서 청량함을 구하는 진언)

옴 소로소로 바라소로 바라소로 소로소로야 사바하

16 불설아미타경

여시아문 일시불 재사위국 기수급 고독원 여대

비구승 천이백오십인구 개시대아라한 중소지

식 장로사리불 마하목건련 마하가섭 마하가전

연 마하구티라리바다 주리반다가 난다 아난다

나후라 교범바제 빈두로파라타 가루다니 마하

겁빈나 박구라 아누루다 여시등 제대제자 병제

보살마하살 문수사리법왕 자아일다보살 건다하

제보살 상정진보살 여 여시등제대보살 급 석제

환인등 무량제천대중구

이시 불고장로사리불 종시서방과 십만억 불토

유세계 명왈극락 기도유불호아미타 금 현재설

법 사리불 피토하고 명위극락 기국중생 무유중

고 단수제락고명 극락 기국중생 무유중

제락 고명극락

우 사리불 극락국토 칠중난순 칠중나망 칠중행

수 게시사보 주잡위요 시고피 국명위극락 우사

리불 극락국토 유칠보지 팔공덕수 충만기중 지

저 순이금사포지 사변게도 금은유리파려합성 상

유루각 역이금은유리파려차거적주마노이엄식지

지중련화 대여거륜 청색청광 황색황광 적색적

광 백색백광 미묘향결사리불 극락국토 성취여

시공덕강엄

우 사리불 피불국토 상작천악 황금위지 주야육

시 우천만다라화 기토중생 상이청조 각이의극

성중묘화 공양타방섭만억불 즉이식시 환도본국

반사경행 사리불 극락국토 성취여시 공덕장엄

부차 사리불 피국 상유종종기묘잡색지조 백학

공작 앵무 사리 가릉빈가 공명지조 시제중조 주

야육시 출화아음 기음 연창오근 오력 칠보리분

팔성도분 여시등법 기토중생 문시음니 개실염

불염법염승 사리불 여 물위차 조 실시죄보소생

소이자하 피불국토 무 삼악도 사리불 기불국토

상무악도지명 하항유실 시제중조 개시아미타불

욕령법음선류 변화소작 사리불 피불국토 미풍

취동 제보행수급 보라망 출 미묘음 비여 백천

종악 동시구작 문 시음자 자연개생염불 염법염

승지심 사리불 기불국토 성취여시공덕장엄

사리불 어여의 운하 피불하고 호 아미타 사리

불 피불광명무량 조 십방국 무소장애시고 호위

아미타 우 사리불 피불수명 급기인민 무량무변

아승지겁 고명아미타 사리불 아미타불 성불이

래 어금십겁

우 사리불 피불 유 무량무변성문제자 개 아라

한 비시산수지소릉지 제보살중 역부여시 사리

불 피불국토 성취여시공덕장엄

우 사리불 극락국토 중생생자 개시 아비발치

기중 다유일행보처 기수심다 비시산수 소릉지

지 단가이 무량무변아승지설 사리불 중생문자

웅당발원 원생피국 소이자하 득여여시 제상선

인 구회일처

사리불 불가이 소선근 복덕인연 득생피국 사리

불 약유 선남자 선여인문설아미타불 집지명호

약일 약이일 약삼일 약사일 약오일 약육일 약

칠일 일심불란 기인임명종시 아미타불 여제성

중 현재기전 시인종시 심불전도 즉득왕생 아미

타불극락국토 사리불 아견시리 고설차언 약유

중생 문시설자 응당발원생 피국토사리불 여아

금자 찬탄 아미타불 불가사의공덕지리 동방 역

유아축비불수미상불 대수미불 수미광불 묘음불

여시등 항하사수제불 각어기국 출 광장 설상변

부 삼천대천세계 설성실언 여등중생 당신시 칭

찬불가사의공덕 일체제불 소호염경

사리불 남방세계 유 일월등불 명문광불 대염견

불 수미등불 무량정진불 여시등 항하사 수제불

각어기국 출 광장설상 변부 삼천대천세계 설성
실언 여등중생 당신시청찬 불가사의공덕 일체
제불소호염경
사리불 서방세계 유 무량수불 무량상불 무량당
불 대광불 대명불 보상불 정광불 여시등항하사
수제불 각어기국 출 광장설상 변부 삼천대천세
계 설성실언 여등중생 당신시청찬불가사의공덕
일체제불소호염경
사리불 북방세계 유 염견불 최승음불 난저불 일
생불 망명불 여시등 항하사 수제불 각어기국출

광장설상 변부 삼천대천세계 설성실언 여등중

생 당신시청찬불가사의공덕 일체제불소호염경

사리불 하방세계 유 사자불 명문불 명광불 달마

불 법당불 지법불 여시등 항하사수제불 각어기

국 출 광장설성 변부 삼천대천세계 설성실언 여

등중생 당신시청찬불가사의공덕 일체제불소호

염경

사리불 상방세계 유 범음불 숙왕불 향상불 향

광불 대염견불 잡색보화엄신불 사라수왕불 보

화덕불 견 일체의 불여 수미산불 여시등 항하

사수제불 각어기국 출 광장설상 변부 삼천대천

세계 설상실언 여등중생 당신시청찬불가사의공

덕 일체제불소호염경

경 사리불 약유 선남자 선여인문시경 수지자급

사리불 어여의운하 하고 명위일체제불 소호염

문제불명자 시제 선남자 선여인 개위일체 제불

지 소호염 개득불퇴전어 아누다라삼막삼보리시

고 사리불 여등 개당신수아어 급 제불소설 사

리불 약유인 이발원 금발원 당발원 욕생 아미

타불국자 시 제인등 개득 불퇴전어 아누다라라삼

약삼보리 어 피국토 약이생 약금생 약당생 시고 사

리불 제선남자 선여인 약유신자 응당 발원생 피국

토 사리불 여아금자 칭찬제불불가사의공덕 피 제

불등 역 칭찬 아 불가사의공덕 이작시언 석가

모니불 능위심난희유지사 능어사바국토 오탁악

세 겁탁 견탁 변노탁 중생탁 명탁중 득 아누다

라 삼막삼보리 위제중생 설시 일체 세간난시지

법 사리불 당지아어 오탁악세 행차난사 득 아

누다라삼막삼보리 위 일체세간 설차난신지법시

위심난 불설차경이 사리불 급제비구 일체세간

천인아수라 등 문불소설 환희신수 작례이거

불설아미타경 종

⑰ 묘법연화경보문품

이시 무진의보살 즉종좌기 편단우견 합장향불
이작시언 세존 관세음보살 이하인연 명관세음
불고무진의보살 선남자 약유무량백천만억 중생
수제고뇌 문시 관세음보살 일심칭명 관세음보
살 즉시관기음성 개득해탈
약유지시 관세음보살명자 설입대화 화불능소

-112-

유시보살 위신력고

약위대수소표 칭기명호 즉득천처

약유백천만억중생 위구 금은 유리 차거마노산

호 호박 진주등보 입어대해 가사흑풍 취기선방

표타나찰귀국 기중약유내지일인 칭 관세음 보

관세음 약부유인 임당피해 칭 관세음보살 명자

살명자 시제인등 개득해탈나찰지난 이시인연 명

피소집도장 심단단괴 이득해탈

약삼천대천국토 만중야차나찰 욕래뇌인 문기칭

관세음보살명자 시제악귀 상불능이악안시지

항부가해

설부유인 약유죄 약무죄 축계가쇄 검계기신 칭

관세음보살명자 개실단괴 즉득해탈 약삼천대천

국토 만중원적 유일상주 장제상인 재지중보 경

과험로 기중일인 작시창언 제선남자 물득공포

여등응당 일심칭관세음보살명호 시보살능이무

외 시어중생 여등약칭명자 어차원적 당득해탈

중상인 문 구발성언 남무관세음보살 칭기명고

즉득해탈 무진의 관세음보살마하살 위신지력외

외여시 약유중생 다어음욕 상념공경관세음보살

변득이욕 약다진에 상념공경 관세음보살 변득이

진 약다우치 상념공경관세음보살 변득이치 무

진의 관세음보살 유 여시등대위신력 다소요익

시고 중생 상응시념

약유인 설욕구남 예배공양관세음보살 변생복

덕지혜지남 설욕구녀 변생단정 유상지녀 숙식

덕본 중인애경 무진의 관세음보살 유여시력 약

유중생 공경예배 관세음보살 복불당연 시고 중

생 개응수지관세음보살명호 무진의 약유인 수

지육십이억 항하사보살명자 부진형 공양음식 의

복와구의약 어여의운하 시선남자선여인 공덕다

부 무진의언 심다 세존 불언약부유인 수지관세

음보살명호 내지일시 예배공양 시이인복 정등

무이어백천만억겁 불가궁진 무진의 수지 관세

음보살명호 득여시무량무변복덕지리 무진의보

살 백불언 세존 관세음보살 운하유차사바세계

운하이위중생설법 방편지력 기사운하 불고무진

의보살 선남자 약유국토중생 응이불신 득도자

관세음보살 즉현불신 이위설법 응이벽지 불신

득도자 즉현벽지불신 이위설법 응이성문신 득

도자 즉현성문신 이위설법 응이범왕신 득도자

즉현범왕신 이위설법 응이제석신 득도자 즉현

제석신 이위설법 응이자재천신 득도자 즉현자

재천신 이위설법 응이대자재천신 득도자 즉현

대자재천신 이위설법 응이천대장군신 득도자 즉

현전대장군신 이위설법 응이비사문신 득도자 즉

현비사문신 이위설법 응이소왕신 득도자 즉현소

왕신 이위설법 응이장자신 득도자 즉현장자신 이

위설법 응이거사신 득도자 즉현거사신 이위설법

응이바라문신 득도자 즉현바라문신 이위설법 응

이비구비구니 우바새 우바이신 득도자 즉현비
구비구니 우바새 우바이신 이위설법 웅이장자
거사재관바라문부녀신 득도자 즉현부녀신 이위
설법 웅이동남동녀신 득도자 즉현동남동녀신이
위설법 웅이천룡야차건달바아수라가루라긴나라
마후라가 인비인등신 득도자 즉개현지 이위설
법 웅이집금강신 득도자 즉현집금강신 위설법
무진의 시관세음보살 성취여시공덕 이종종형
유제국토 도탈중생 시고여등 응당일심 공양관
세음보살 시관세음보살마하살 어포외급난지중

-118-

능시무외 시고 차사바세계 개호지위시무외자무

진의보살 백불언 세존 아금 당공양 관세음보살

즉해경중보주영락 가치백천량금 이이여지 작시

언 인자 수차법시 진보영락 시 관세음보살 불긍

수지 무진의 부백관세음보살언 인자 민아등고

수차영락 이시 불고관세음보살 당민차무진의보

살 급사중 천룡 야차 건달바 아수라 가루라 긴

나라 마후라가 인비인등 고수시영락 즉시관세

음보살 민제사중 급어천룡 인비인등 수기영락

분작이분 일분 봉석가모니불 일분 봉다보불탑

무진의 관세음보살 유여시자재신력 유어사바세

계

이시 무진의보살 이게문왈

세존묘상구 아금중문피 불자하인연 관세음

구족묘상존 게답무진의 여청관음행 선응제방소

홍서심여해 역겁불사의 시다천억불 발대청정원

아위여약설 문명급견신 신념불공과 능멸제유고

가사흥해의 추락대화갱 염피관음력 화갱변성지

혹표유거해 용어제귀난 염피관음력 파랑부능몰

혹재수미봉 위인소추타 염피관음력 여일허공주

혹피악인축 타락금강산 염피관음력 불능손일모

혹치원적요 각집도가해 염피관음력 함즉기자심

혹조왕난고 임형욕수종 염피관음력 도심단단괴

혹수금가쇄 수족피추계 염피관음력 석연득해탈

주저제독약 소욕해신자 염피관음력 환착어본인

혹우악나찰 독룡제귀등 염피관음력 시실불감해

약악수위요 이아조가포 염피관음력 질주무변방

원사급복갈 기독연화연 염피관음력 심성자회거

운뢰고철전 강박주대우 염피관음력 웅시득소산

중생피곤액 무량고핍신 관음묘지력 능구세간고

구족신통력 광수지방편 십방제국토 무찰불현신

종종제악취 지옥귀축생 생로병사고 이점실령멸

진관청정관 광대지혜관 비관급자관 상원상첨앙

무구청정광 혜일파제암 능복재풍화 보명조세간

비체계뢰진 자의묘대운 주감노법우 멸제번뇌염

쟁송경관처 포외군진중 염피관음력 중원실퇴산

묘음관세음 범음해조음 승피세간음 시고수상념

염념물생의 관세음정성 어고뇌사액 능위작의호

구일체공덕 자안시중생 복취해무량 시고응정례

이시 지지보살 즉종좌기 전백불언 세존 약유중

생 문시관세음보살 품자재지업 보문시현신통력

자 당지시인 공덕불소 불설시보문품시 중중팔

만사천중생 개발무등등 아누다라삼막삼보리심

18 불정심모다라니경

약유인 수지 모다라니경자 선수지심 염정구업진

언연후 봉청 팔금강 사보살명호 소재지처 상당

옹호

○정구업진언

수리수리 마하수리 수수리 사바하(삼송)

○오방내외안위제신진언

나무사만다 못다남 옴 도로도로 지미 사바하(삼송)

○개경게

아금문견 득수지　원해여래 진실의

무상심심 미묘법　백천만겁 난조우

○개법장진언

옴 아라남 아라다(삼송)

○봉청팔금강

봉청청제재금강　봉청벽독금강

봉청황수구금강

봉청백정수금강

봉청적성금강

봉청정제재금강

봉청자현금강

봉청대신금강

○ **봉청사보살**

봉청금강권보살

봉청금강색보살

봉청금강애보살

봉청금강어보살

나모라 다나 다라 야야 나막아리야 바로기제새

바라야 모지사다바야 마하사다바야 마하가로니

가야 다냐타 아바다 아바다 바리바제 인혜혜

냐타 살바다라니만 다라야 인혜혜 바라마수다

모다야 옴 살바작수가야 다라니 인지리야 다냐

타 바로기제 새바라야 살바도타 오하야미 사바

하

만일 선남자 선여인이 이 다라니를 다만 한번

만 귀로듣고 외우면 심중 백천만죄를 소멸하며

또 부처님 경전을 허망하다하고 비방하면 단정

코 아비무간 지옥에 떨어져 고초를 받나니 만

일 그 자손 남녀가 부모의 은공을 갚고자 하거

던 불정심다라니라 쓰거나 외우거나 매일 신조

에 분향하고 이 다라니를 독송하면 부모가 지

옥고초를 면하여 벗어나며 임명종시에 이 다라
니를 독송하면 모든 불보살이 각각 연화를 가
지고 옹호하여 극락국으로 인도하며 이 경을 주
야 독송하는 자는 일체 번뇌 망상 손재구설 질
병과 사기로운 몽사를 영영 소멸하며 만일 죽
을 병이 들었을지라도 이 다라니를 지성으로
독송하면 효험을 얻고 또 관세음보살이 무변대
신력 금강멸적신장을 보내사 극히 보호하여 비
명의 액을 소멸하여 일일이 성취케하며 대천지
복을 받으며 매일 신조에 분향하고 칠편씩 독

송하면 관세음보살이 중의 형상을 나타내어 심중 소원을 낱낱이 성취케하며 또 해산할 때에 이 다라니를 독송하면 즉시 순산하나니 부디 이 경전을 허탄히 알지말고 지성으로 독송하면 몸의 그림자 따르듯 소원성취하나니라

19 광명왕여래다라니경

여시아문일시세존 재사위국 기수급 고독원 여대비추중 천이백오십인구 개시누진의해 무부번

뇌 체득기리 심선해탈 중소지식 대아라한 부유

지혜광대 공덕장엄 위의구족 제존보살마하살등

위문법고 개실내집 어중회중 유대혜묘길상 보

살마하살이 위상수

이시 석가모니불 민념미래세중 일체 단명중생

영중수명 득대이익 위 설불가사의 비밀심심묘

승법 시시 세존 고대혜묘길상보살 언여등 체청

종시남염부 제서방과무량불토유세계 명무량공

덕장국 토엄려중보 간척청정 수승안온 쾌락초

과 십방 미묘제일 어피 무량공덕장 세계지중유

불명 무량수결정 광명왕 여래무상정등보리 금

현수 피세계지중 기대자비 위제중생 연설묘법 금

영획수승 이익안락 불 부고묘길상보살 언 금차

염부제세계중인 수명백세 어중다유조제악업 이

부중요 묘길상보살 약유중생 득견차무량수결정

광명왕여래다라니경공덕수승 급문명호 약자서

사 약고타인 서시경 경혹어자사택 혹어고루 혹

안정사 전당지중 수지독송 준봉예배 종종묘화

소향 말향 도향 화만등 공양무량수결정광명왕

여래 다라니경여시단명지인 약능지심 서사 수

지독송 공양예배 여시지인 부증수명 만어백
세 부차묘길상보살 약유중생 문시무량수 결정광
명왕여래명호 약능지심칭념 일백팔편 여차단명
중생 부증수명 혹단문기명호 지심신수 준중지
자 시인령득 증익수명 부차묘길상보살마하살
약유항시 심무잠사 지성사구묘법 선남자 선여
인등 여등체청아금위여설무량수결정광명왕여래
일백팔명 다라니왈 남무빠아바제 아바리 미다
율야나 소미일찌다 제오라아야 다타아다야 나
하제 삼막삼못따야 다야타 옴 살바 싱까라바

리숫따달마제 아아나 삼모나아제 사바아바바미

숫뗴마 하나야 바리바리 사바하 종

20 광명왕여래일백팔명다라니경

약유인궁자서사 혹교타인 서시다라니 안치고루

지상혹전당내청정지처 여법엄칙 종종고양 단명

지인 부득장수 만족백세 여시지인 어후차처 명

종변득 왕생어피 무량수결정광명왕여래 불찰무

량공덕장세계지중 당석가모니불 설차무량수 결

정광명왕여래다라니경 시시 구십구지불 일심

이구동음 역설 차무량수결정 광명왕여래다라니

경 시시 부유팔십사구지불 일심이구동음 역설

차무량수결정 광명왕여래다라니경 시시 부유칠

십칠구지불 일심이구동음 역설차무량수결정광

명왕여래다라니경 시시 부유육십륙구지불 일심

이구동음 역설차무량수결정광명왕여래다라니경

시시 부유오십오구지불 일심이구동음 역설차무

량수결정광명왕여래다라니경 시시 부유사십사

구지불 일심이구동음 역설차무량수결정 광명왕

여래다라니경 시시 부유삼십륙구지불 일심이구

동음 역설차무량수결정광명왕여래다라니경 시

시 부유이십오구지불 일심이구동음 역설차무량

수결정광명왕여래다라니경 시시 부유십극가하

사수구지불 각각심무차별이구동음 역개설차무

량수결정광명왕여래다라니경

유인약자서 약교인서 여시지인 어후 불타지옥

불타아귀 불타축생 불타염라왕게 엽도명관 영불

어시제악도중수기악보 여시지인 유시서사 차무

량수결정광명왕여래다라니경 공덕역고 어후일

체생처 생생 세세 득숙명지 차무량수결정광명

왕여다라니경 약자서 약교인서 여시지인 즉

동서사팔만사천법장 소회공덕이 무유이차 무량

수결정광명왕여래다라니경 약부유인약자서 약

교인서 여시지인 변동수건 팔만사천보탑 소회

공덕이 무유이차무량수결정광명왕여래 다라니

경 약자서 약교인서 여시지인 약유오무간지옥

지업 유시공덕역고 기업개실소제 차무량수결정

광명왕여래다라니경 약자서 약교인서 여시지인

불타마왕 급마권속 불타약차나찰도중 불타비횡

사망 영불수시제악과보 차무량수결정광명왕여

래다라니경 약자서 약교인서 여시지인 임명종

시 유구섭구지불 면현기적 내영시인 왕생어

피불국토중 여등물생의혹 차무량수결정광명왕

여래다라니경 약자서 약교인서 여시지인 당래

영불수기녀인지신 차무량수결정광명왕여래다라

니경 약자서 약교인서 여시지인 당득동방언달

바주 지국천왕 남방규반나주 증장천왕 서방대

룡주 광목천왕 북방대약차주 다문천왕 밀은기

신 수축위호 약부유인 위어차경 능이소분 재보

보시지자 시인변동이삼천대천세계 만중 금은유

리 차거 마노 산호 호박 여시칠보 진지보시

약부유인 공양차경전자 변동공양 일체진실법장

약부유인 능지상묘칠보공양 비바시 시기 비사

부 구류손 구라함모니 가섭 석가모니여래 응정

등각 소획복덕 부능도량 지기수량 약부유인공양

차무량수결정광명왕여래다라니경 소획복덕 역

부부능도량 지기한량 우여사대해수충만기중부

능득지 일일적수 약부유인 서사공양 수지독송

차무량수결정광명왕여래다라니경 소획복덕 역

부부능도량 지기한수 약부유인 서사차무량수결

정광명왕여래다라니경 처소 지위즉시 성취제불

진신 사리 보탑 응 존중예배 약유중생 이문차

다라니자 차지중생 영불수 비조 사족다족 이류

지신 당래속득성취 불퇴전 무상정등보리 약부

유인 적취금은 유리 차거 마노 산호 호박 여시

칠보 여묘고산왕 진능사시 소획복덕 불가도량

지기수량 약부유인 위차무량수결정 광명왕여래

다라니경 이능보시지자 소득복덕 역부부능도량

지기한수 약부유인 서사 차무량수결정광명왕여

래다라니경 예배공양자 여시지인 즉위예배공양

십방제불찰토 일체여래이무유이

○ **이시석가모니세존설시가타왈**

수행보시역성취　보시역고득성불

약입대비정실중　이잠문차다라니

설사보시미원만　시인속중천인사

수행지계역성취　지계역고득성불

약입대비정실중　이잠문차다라니

설사지계미원만　시인속증천인사

수행인욕역성취　인욕역고득성불

약입대비정실중　이잠문차다라니

설사인욕미원만 시인속중천인사

수행정진역성취 정진역고득성불

약입대비정실중 이잠문차다라니

설사정진미원만 시인속중천인사

수행선정역성취 선정역고득성불

약입대비정실중 이잠문차다라니

설사선정미원만 시인속중천인사

수행지혜역성취 지혜역고득성불

약입대비경실중 이잠문차다라니

설사지혜미원만 시인속중천인사

불설 시경이 제대비추 중 급제보살 일체 세간

천인 아수라 언달바등 문불소설 개대환희 신수

봉행

21 관세음보문품경

① 이시 무진의보살 즉종좌기 편단우견 합장향

불 이작시언 세존 관세음보살 이하인연 명 관

세음 불고무진의보살 선남자 약유무량백천만억

중생 수제고뇌 문시관세음보살 일심칭명 관세

음보살 즉시 관기음성 개득해탈

②약유지시관세음보살명자 설입대화 화불능소

유시보살 위신력고 약위대수소 표청기명호 즉

득천처 약유백천만억중생 위구금은유리차거마

노산호호박진주등보 입어대해 가사흑풍 취기선

방표타나찰귀국 기중 약유내지일인 청관세음

보살명자 시제인등 개득해탈나찰지난 이시인연

명 관세음

③약부유인 임당피해 청관세음보살명자 피소집

도장 심단단괴 이득해탈 약삼천대천국토 만중

야차나찰 욕래뇌인 문기청관세음보살명자 시제

악귀 상불능이 악안 시지 황부가해 설부유인 약

유죄 약무죄 추계가쇄 검계기신 칭관세음보살

명자 개실단괴 즉득해탈 약삼천대천국토만중원

적 유일상주 장제상인 재지중보 경과험로 기중

일인 작시창언 제선남자 물득공포 여등 응당일

심 칭관세음보살명호 시보살 능이무외 시어중

생 여등 약칭명자 어차원적 당득해탈 중상인문

구발성언 남무관세음보살 칭기명 고즉득해탈 무

진의 관세음보살마하살 위신지력 외외여시

④ 약유중생 다어음욕 상념공경관세음보살 변득

이욕 약다진에 상념공경관세음보살 변득이진약

다우치 상념공경관세음보살 변득이치

무진의 관세음보살 유 여시등대위신력 다소요

익시고 중생 상응심념

⑤약유여인 설욕구남 예배공양관세음보살 변생

복덕지혜지남 설욕구녀 변생단 정유상지녀 숙

식덕본 중인 애경 무진의 관세음보살 유여시력

약유중생 공경예배관세음보살 복불당연 시고중

생 개응수지관세음보살명호 무진의 약유인 수

지육십이억 항하사보살명호 무진형 공양음식의

복와구의약 어여의운하 시선남자선여인 공덕다

부 무진의언 심다 세존 불언약부유인 수지관세

음보살명호 내지일시 예배공양 시이인복 정등

무이 어백천만억겁 불가궁진 무진의 수지관세

음보살명호 득여시무량무변복덕지리

⑥무진의보살 백불언 세존 관세음보살 운하유

차사바세계 운하이위중생설법 방편지력 기사운

하 불고무진의보살 선남자 약유국토중생 응이

불신 득도자 관세음보살 즉현불신 이위설법 응

이벽지불신 득도자 즉현벽지불신 이위설법 응

이성문신 득도자 즉현성문신 이위설법 응이범왕신 득도자 즉현범왕신 이위설법 응이제석신 득도자 즉현제석신 이위설법 응이자재천신 득도자 즉현자재천신 이위설법 응이대자재천신득도자 즉현대자재천신 이위설법 응이천대장군신 득도자 즉현천대장군신 이위설법 응이비사문신 득도자 즉현비사문신 이위설법 응이소왕신 득도자 즉현소왕신 이위설법 응이장자신 득도자 즉현장자신 이위설법 응이거사신 득도자 즉현거사신 이위설법 응이재관신 득도자 즉현재관신 이위설

법응이바라문신 득도자 즉현바라문신 이위설법

응이비구비구니우바새 우바이신 득도자 즉현비

구비구니우바새 우바이신 이위설법 응이장자거

사재관 바라문부녀신 득도자 즉현부녀신 이위설

법응이동남동녀신 득도자 즉현동남동녀신 이위

설법 응이천룡 야차 건달바 아수라 가루라 긴나

라마후라가 인비인등신 득도자 즉개현지 이위

설법 응이집금강신 득도자 즉현집금강신 이위

설법 무진의 시관세음보살 성취여시공덕 이종

종형 유제국토 도탈중생 시고 여등응당일심 공

양관세음보살 시관세음보살마하살 어포외급난

지중 능시무외 시고 차사바세계 개호지위시무

외자

⑦무진의보살 백불언 세존 아금 당공양관세음

보살 즉해경중보주영락 가치백천량금 이이여지

작시언 인자 수차법시진보영락 시 관세음보살

불긍수지 무진의 부백관세음보살언 인자 민아

등 고수차영락 이시 불고관세음보살 당민차무

진의보살 급 사중 천 용 야차 건달바 아수라 가

루라 긴나라 마후라가 인비인등 고수시영락 즉

시 관세음보살 민제사중 급어천룡 인비인등 수

기영락 분작이분 일분 봉석가모니불 일분 봉다

보불탑 무진의 관세음보살 유여시자재 신력 유

어사바세계

⑧ 이시 무진의보살 이게문왈

세존묘상구 아금중문피 불자하인연 명위관세음

구족묘상존 게답무진의 여청관음행 선응제방소

홍서심여해 역겁불사의 시다천억불 발대청정원

아위여약설 문명급견신 심념불공과 능멸제유고

가사흥해의 추락대화갱 염피관음력 화갱변성지

혹표유거해 용어제귀난 염피관음력 파랑불능몰

혹재수미봉 위인소추타 염피관음력 여일허공주

혹피악인축 타락금강산 염피관음력 불능손일모

혹치원적요 각집도가해 염피관음력 함즉기자심

혹조왕난고 임형욕수종 염피관음력 도심단단괴

혹수금가쇄 수족피추계 염피관음력 석연득해탈

주저제독약 소욕해신자 염피관음력 환착어본인

혹우악나찰 독룡제귀등 염피관음력 시실불감해

약악수위요 이아조가포 염피관음력 질주무변방

원사급복갈 기독연화연 염피관음력 심성자회거

운뢰고철전 강박주대우 염피관음력 웅시득소산

중생피곤액 무량고핍신 관음묘지력 능구세간고

구족신통력 광수지방편 십방제국토 무찰불현신

종종제악취 지옥귀축생 생로병사고 이점실령멸

진관청정관 광대지혜관 비관급자관 상원상첨앙

무구청정광 혜일파제암 능복재풍화 보명조세간

비체계뢰진 자의묘대운 주감노법우 멸제번뇌염

쟁송경관처 포외군진중 염피관음력 중원실퇴산

묘음관세음 법음해조음 승피세간음 시고수상념

염념물생의 관세음정성 어고뇌사액 능위작의호

구일체공덕 자안시중생 복취해무량 시고응정례

⑨이시 지지보살 즉종좌기 전백불언 세존 약유

중생 문시관세음보살품자재지업 보문시현신통

력자 당지시인 공덕불소

⑩불설시보문품시 중중팔만사천중생 개발무등

등 아누다라삼막삼보리심

제二부 제문편

제一장 가정안택고사조왕제문
(집을 마련하거나 연례고사 등)

① 조왕에 대한 기도

○ 보례진언

아금일신중 즉현무진신 변재조왕전 일일무수례

옴 바아라 믹 (세번) 천수경 (일장에서 육장까지 독송)

○ 거 목

나무팔만사천조왕대신 나무좌보처담시력사 나

-153-

무우보처 조식취모

○보소청진언

나무보보제리 가리다리 다타아다야 (세번)

○유 치 (합장하고)

절이 주재조호 령지자 성덕외외 신공호호 일

현지위상 요마자최 일현지자용 인세경앙 유구

개수 무원부종 시이 사바세계 남섬부주 해동대

한민국 모도 모군 모면 모사 청정지 도량 원아

금차 지극지성 헌공발원 제자 모인주소

건명　모생　모인　보체

곤명　모생　모인　보체

장남　모생　모인　보체

이차인연공덕 래래 동서사방 출입왕래지처 상

봉길경 불봉재란 관재구설 삼재팔란 일체병고액

란등 영위소멸 사대강건 육근청정 자손창성 수

명장수 부귀영화 심중소구소원 만사여의 원만성

취지 발원 이금원금일 건설정찬 경헌성전 강부

향단 만위단나지원 래림보좌 극부이제지심 전

신찬어 차전청사

○근병일심선진삼청

나무일심봉청 옹호영기 주재조호 분명선악자

재출납 불법문중 불리수호 팔만사천조왕대신 병

종권속 유원승삼보력 강림도량수차공양

○향 화 청

향적추중상출납　호지불법역최마

인간유원래성취　제병소재강복다

고아일심귀명정례

② 불설환희조왕경

계수장엄조왕신 시방조요대광명
위광자재조왕신 토지용신개환희
천상사관조왕신 함가인구충안녕
내외길창조왕신 금은옥백만당진
상봉길경조왕신 악귀사신퇴산란
지망주성조왕신 억선만복구족재
이장안주조왕신 부부가인증복수
재암영멸조왕신 백병소멸대길상
중시수호조왕신 백곡숭출양잠배
구호택사조왕신 일체제신개환희

③ 불설조왕경 (이 경은 천수경을 송한후 바로 조왕께 무수히 배례하면서 경송하며 사명보고 조왕위목 불설 조왕경 축원 돌굴경으로 끝나도 된다)

○ 사명보고

일가지주 오사지신 사후설어북두지중 찰선악 어동주지내 사복사죄 이흉화길 안진음양 보우 가정 하재불멸 하복불증 유구필응 무감불중대 비대원 대성대자 구천동주 사명조군 원황정국 호택천존

○ 조왕위목

범춘조왕 범천조왕 범석조왕 제석조왕 용진조왕

달진조왕 선진조왕 요진조왕 광진조왕 횡진조왕

일광조왕 월광조왕 최자조왕 현무조왕 진무조왕

진탐조왕 도시조왕 변성조왕 팔만사천 제대조왕

상파피제조왕신　의금신왕조왕신

의평지라조왕신　금강력독조왕신

금통관신조왕신　아미마상조왕신

각진신왕조왕신　소길팔난조왕신

북군신왕조왕신　복보근라조왕신

상량파주조왕신　삼천구토조왕신

금악대장조왕신　십이호상조왕신

매약매국조왕신

삼천중신조왕신

도솔천명조왕신

대감부인조왕신

삼천상리조왕신

택신지주조왕신

좌보우보조왕신

좌온우온조왕신

육계천녀조왕신(제복장신)

공천상리조왕신(전어지천신)

상천부인조왕신(우마홍창신)

백고부인조왕신(돌굴임신)

천제도위조왕신(천하원근보신)

나라군신조왕신(부개신)

돌상고녀조왕신(부임신)

육갑부모조왕신(외제사통신)

조식취모조왕신(공미향신)

담시역사조왕신(운목신)

천조지부조왕신(천선악장신)

명분선악조왕신(도장임신)

목신화신금석신

섭이토공팔부신

남무남방화왕신

남무북방수왕신

남무동방조왕신

남무서방조왕신

남무천상조왕신

남무상계조왕신

남무하계조왕신

남무칠백만호조왕신

수신토신오행신

남무동방목왕신

남무서방금왕신

남무중앙토왕신

남무남방조왕신

남무북방조왕신

남무지궁조왕신

남무중계조왕신

남무삼천호리조왕신

남무사천만호조왕신

남무육천만호조왕신 남무팔만사천조왕신

약해중신 약하중신 약정중신 약정중신

약호중신 약도중신 약조중신 약문중신

상당위호 안온택중 신유흥화 개실소멸 복룡 택룡 일유신

창소구개득 현관구설 일시소멸 즉설주왈 부귀길

남무불 남무법 남무승 남무불타야 남무달마

야 남무승가야 사바하

④ 예배일용

범 예배정진자 매일중야 쇄치관수 정의관 단신

봉로 안우북단 열향 엄립단하 구치구통 송 정

구업주(각 삼칠송 혹이지이십일송)

정법주 헌향주(각 삼칠송)

북두모심주 북두심주(각 삼칠송)

○ 정구업진언

수리 수리 마하수리 수수리 사바하(각 삼칠송)

○ 정법계진언

옴남(삼칠송)

○ 헌향진언

옴 바아라도 비야훔

○**북두모심주**

남모라 다나다라 야야 다냐타 아가마시 마가마

시 아다마시 지바라마시 마하지 바라마시 옴다

타나마시 마리지야마시 나무사득제라목사라목

새캄 살바사다 바난타 살바다라 살바바 유바나

라 비삐표 사바하 나무사만다 못다남 옴 마리

즈망 사바하

○**북두심주**

옴 라디훔 구지나지나 흡흡나 라누나 자답나 지

자나 부다나 부야나 옴호 옴 훌훔 구지체 도소

따 아야미따 오도따 구기따 바로제따 야미야따

구라제따 기마따 사바하

○ **예 배 법**

지심귀명례 능멸천재 성취만덕 금륜보계 치성광

여래불

○ **치성광여래불진언**

나모 사만다 못다남 아바라지 하다사 사남 자

나자나 바라지나 바라지나 짓다짓다 빠닥빠닥

살바다라 나미제 다사바나 상정구로 사바하

지심귀명례 좌보처 백명이생 천광파암 일광편조

소재보살

○ **일광보살진언**

-165-

나모 못다구나미 나모 달마모하제 나모 승가다

야니 실이보피 슐돌답납마 사바하 지심귀명례

우보처 청량조야 성주숙왕 월광편조 식재보살

○ **월광보살진언**

심제제 도소따 아야미제 오도다 심기따 발제따

야디야다 오도다 구라제따 마따 사바하

지심귀명례 여래화현 북두제일 자손만덕 양명

탐랑태성군

○ **탐랑성군진언**

나모 사만다 못다남 아다야 사바하

지심귀명례 여래화현 북두제이 장난원리 음정
거문원성군

○ **거문성군진언**

나모 사만다 못다남 전나리 사바하

지심귀명례 여래화현 북두제삼 업장소제 진인
녹존정성군

○ **녹존성군진언**

옴 아리니나라 가사다라 바라마나 노다쁘디 사
바하

지심귀명례 여래화현 북두제사 소구개득 현명

문곡축성군

○ **문곡성군진언**

옴 바하 사바하

지심귀명례 여래화현 북두제오 백장진멸 단원

염정강성군

○ **염정성군진언**

옴 바라제 라리 만나라 사바하

지심귀명례 여래화현 북두제륙 복덕구족 북극

무곡기성군

○ **무곡성군진언**

옴 살바다라 삼매예 사바하

지심귀명례 여래화현 북두 제칠 수명장원 천관

파군관성군

○ **파군성군진언**

옴 바바응 바야탁 사바하

○ **축 왈**

유원 숭삼보력 조림하계 공양소원운운……

○ **가 영**

고성홍비작칠성 인간수복각사동 수연부감 여월

인공계순환제유정

○ **칠성예배하는 날**

정월 (초십녹발환생) 이월 (초류면재득복) 삼월 (초팔옥난면피)

사월 (초칠소원개득) 오월 (초이무병장수) 유월 (이십칠소구여의)

칠월 (초오장명부귀) 팔월 (이십오원무비환) 구월 (초구자관무송)

시월 (이십득금옥백) 십일월 (초삼득 기재보) 십이월 (이십칠노 마자지)

○ **칠성매세에 여섯번하강일**

우일 예배공양즉 연년익수 제액획복

팔월 이십칠일 구월 십팔일 이월 이십일 삼월 초삼일 오월 이십일 유월 초팔일

○ **불설조왕경**

-170-

사〉일가지주 오사지신 사후설어북두지중 찰선
　악어동주지내

명〉사복사죄 이흉화길 안진음양 보우가정 하
　재불멸 하복불

보〉증 유구필응 무감불통 대비대원 대성대자
　구천동주 사

고―명조군 원황정국 호택천촌

○**천사부발동주사명조군신도**
사명조군 성장 휘단자 자곽 팔월초삼일보탄 십

이월이십사일자시 상주천조이십삼 처결제공경

숭지 삼십일회 전무의성경영접

○ **조군규식**

조군 내일가사명지주재 인공과 감응지령 매월

삼십일 장일가 소위선악 표주천조 강상강앙 보

여영향 소위 화인악적 복연선경자야 제군탄일

팔월초삼일야 의합가단성 건성재공 기면분료지

재 안목지재 장유함녕 득복무량 우십이월 이십

사일 자시 상주천조 거선이십삼일건성재공경송

지삼십일회위 의성경영접 병수조석분향 삭망명

-172-

등 매월삼십일 만건성예경 상주왈신안가왕 약

우부우부 부지기휘 헌과도척 오수상조 혹천계

임신 조대조문 혹적신노체 악언실례 가곡주매

취조분화자지 이계모수골 입조예시 작반작천

오곡혜말 홍화족답조문 도부조상소파 향조종종

첩독 이치재벌 함당경계조변 당의결정 우견이

육계탈불식 가문청길 인구평안 자연재소 복집

의

○ **괘과기일**

正月 初三初八初九 十二二十七日

二月 初三初四初七初八 初九二十七日

三月 初三 初九 十九 二十七日

五月 初三 初九 二十三日

七月 初三 初九 二十七日

九月 初三 初五 初八 十九 二十五 二十六 二十七日

十一月 初三 初九 十五 十七 二十七日

四月 初三 初九 二十七日

六月 初三 初四 初九 十九 二十六 二十七日

八月 初三 初八 十七 二十五 二十七日

十月 初三 初九 十三 二十六 二十七日

十二月 初三 初五 初八 十五 二十四 二十七日

○ 괄과길일 수인치성하일불의

매월 초八 十三 三十一 二十八日

○ 오랍일

천랍 正月 初一日　지랍 五月 初五日　도덕랍 七月 初七日　민세랍 十月 初一日

왕후랍 동지후봉 삼미일

오월십오일십륙일천지교태지기 필수부부분 상

무의결정위시

○ **조왕위목**

범춘조왕 범천조왕 범석조왕 제석조왕 용진조왕

달진조왕 선진조왕 요진조왕 광진조왕 횡진조왕

일광조왕 월광조왕 최자조왕 현무조왕 진무조왕

진탐조왕 도시조왕 변성조왕 팔만사천 제대조왕

불설조왕경

상파피제조왕신(부왕)　의금신왕조왕신(호주신)

의평지라조왕신(조면석신)　금강역독조왕신(건중신)

금통관신조왕신(대방임신)　아미마상조왕신(측재신)

각진신왕조왕신(정임신)　소길팔난조왕신(문임신)

북군신왕조왕신(사각임신)　북보근라조왕신(축임신)

상량파주조왕신(조당임신)　삼천구토조왕신(신가임신)

금악대상조왕신(금송임신) 십이호상조왕신(십이시녹신)

매약매국조왕신(관위지신) 삼천중신조왕신(천명주신)

도솔천명조왕신(천록장신) 대감부인조왕신(조모신)

삼천상리조왕신(천관임신) 택신지주조왕신(천지도당)

좌보우부조왕신(문심성패신) 좌온우온조왕신(악사지신)

5 조왕님전고사문 (조왕께 소원사를 축원하는 경이니 더 구체적인 소망을 가하여도 무방하다)

금일세덕태세는 모년 모월 모일 이 분명하도

다 조왕님전에 차가중의 정성을 발원하오니 팔

만사천 제대조왕님께옵서 감응감통하옵소서 천

개어자 지개어축 인생어인 천황지황 이후에 인
간이생하야 팔만사천 제대 조왕님을 대우하고 즉
시성조대신과 오방신장과 산신국사 십이수신과
룡왕불우와 제석삼당 삼신제왕과 조상부모를대
우하옵고, 인간재앙물을 면하려면 제불보살 수
인씨즉위원년에 도어조아하시니 빈찬왕이요 실
수이원군이 하령제도하며 하령제도 안하오리까
마는 천경지우에 응당하올일이 아니나이까 시
고로 유세차 모년 모월 모일 모성명 감소고우
해동대한민국 모도, 모군, 모면, 모리, 거주 제자

모성명이 이정성을 드릴적에 상길일을 정하고 상탕에 머리감고 중탕에 목욕하고 하탕에 수족 씻고 상방수를 길러다가 제물을 정하게 지어놓고 조왕님전에 모모지사를 지극정성으로 발원하오니 팔만사천제대조왕님은 인간의 삼백육십골절이며 백사만사를 주지하시오니 차가지사를 통촉치 않이하오릿까 비금주수라도 절목위소하고 굴토위혈하야 작어기신하옵거든 만물지중에 유인이최귀하오니 금, 목, 수, 화, 토, 오행을 다루지 않으오릿까 지극정성 공양발원 받으시고 오

음소속신장처에 분명하사 마의둥살을 일시에소
멸하시고 천흉만액을 막지감지하옵소서 천지음
양을 합하니 하늘과 땅이 생긴후에 일월이 생
기시고 인황씨께옵서 음양조화와 부모천륜을 마
련하시고 이수인간을 풍성케하와 산천초목이생
기고 각각 마련하야 명복을주시고 자손을 점지
하와 인간이 졉을짓고 사는고로 조왕님은 팔부
신장과 십이제신을 거나리시고 왕으로처하옵소
서 인간을위하여 제도를하실적에 조왕님의 근
본시대조 강당설산래 하옵시던 대덕부인 조부

산하에 각각분창하야 가오실제 조왕님의장자는 성조대신이요 차자는대부요 삼자는태세요 사녀는 귀덕부인이요、사자는 대부요 오자는 대장군이요 육자는 대살이요 칠자는 소부요。 팔자는중부요 구자는상홍조화요 십자는무명혹신이요 십삼자는 오황대신이요 천룡팔부신장과 십이제신이 크다하되 조왕님의 제졸이되옵나니 팔만사천제대조왕님은 무수한 잡귀를 제살하고 복록을 마련하옵시고 재수사 소망과 재수대통하옵시고 년액、월액、일액、시액、현

관비횡지액 지호지액과 천라지액 지망지액 고

진과 숙지액 천강공망지액 년명입묘지액 둔갑대

소금루지액 선행보행지액 택중모실지액을 일시

에 소멸하옵시고 복원 창조사는 천덕, 년덕, 월

덕, 일덕, 시덕이며 제자모씨가 중길창조아 하고

부귀겸전 문무겸전하고 자손창성 우마번성하고

백곡풍발하고 일년열두달 삼백육십일을 합장축

수하오니 환희봉행하옵소서 오방신장과 사덕신

장과 오악산신령과 삼신제왕과 천룡팔부신장

과 태세대장군과 금성 칠성 명당지신 천륜오방

사자 도로신장 제불보살 후토신령 년도훈장하
강하시고 일문권속 남녀노소 우마육축 등을 무
사태평주옵소서 금일공양제자 소원성취 네리소
서 금일조왕지신 왕기정하고 임제실언즉 삼왕
이내시 천지인황이라 시위삼황오제라 시위오행
야지 연즉삼제지중에 화덕위수하오니 수인씨는
찬수지일에 초정상승조왕지신하고 차정중승조
왕지신하고 삼정하계조왕지신하야 여천지로 일
월이 합기명하고 여귀신으로 합기길흉 연후에
대소생령이 이화덕으로 위수하니 인의어의하고

기우연재우와 부삼승조왕신이 합기 길흉고로

복록이 창성하고 노소남녀자손에게 무병귀수하

고 동서남북 사방출입에 개환희를 열고 심중소

구 만사여의 형통을 발원하오며 산해의 진찰과

오향 등정미로 조왕신주전에 공양봉행하오니 하

강하옵소서

6 돌굴경

만이독송 돌굴경 돌굴독송 돌굴경 범음삼매

사바하 아림삼매 돌굴경 조왕팔만 돌굴경 섭

체토공 돌굴경 천룡야차 돌굴경 석중사위 돌굴경 소룡삼매 돌굴경 이라마족 돌굴경 해중대비 돌굴경 천황대비 돌굴경 돌굴경 흘지 구내리 자제 사바하 (세번)

제二장 용왕제문

1 용왕청문

○보례진언

아금일신중 즉현무진신 변재용왕전 일일무수례

옴 바아라 믹(삼배)

○거불

나무 삼주호법 위태천신 용왕대신

나무 좌보처 사가라 용왕대신

나무 우보처 화수길 용왕대신 (반배)

○ **보소청진언**

나무보보제리 가리다리 다타 아다야

○ **유 치**

절이 영산회상 발원도생 지심경중 귀명례성

호승변신어 금전지의 청불유령 어석굴지중 수명

상제 포운어 일허지공 자섭하민 시우어 사해지

계 변화자재 신통무애

시이 사바세계 남섬부주 해동대한민국 모도

모군 모면 사원주소 청정지도량 원아금차 지극

지성 헌공발원 제자 주소

건명 모생 모인 보체

곤명 모생 모인 보체

장남 모생 모인 보체

차남 모생 모인 보체

장녀 모생 모인 보체

이차인연공덕 일체병고액란 영위소멸 사대강

건 육근청정 자손창성 수명장수 부귀영화 만사

여의 원만형통지대원 시이 금월 금일 설단이분

향 헌공이례청 재체수미 건성가민

○ 근병일심 선진삼청

나무일심봉청 비장법보 주집군용 사가라용왕
난타용왕 발난타용왕 화수길용왕 덕차가용왕 아
나바달다용왕 마야사용왕 우바나용왕 여시 내
지 무량무변 제대용왕 병종권속 유원승 삼보력
강림도량수차공양

○ 향 화 청

시우행운사대주 오화수출구천두
도생일념귀무념 백곡이리해중수
고아일심귀명정례

② 불설용왕삼매경

나무 동방만월세계 유리광명문산불 나무 청정
광명 문수사리보살 나무 무상광명 늑광보살 나
무 동방 제두뇌탁천왕 나무 남방 비류늑차천왕
나무 서방 비류박차천왕 나무 북방 비사문천왕
나무대선용왕   나무원본용왕
나무자금산용왕   나무지백용왕
나무칠금산용왕   나무수미산용왕
나무마하파선용왕   나무가류다용왕

나무노보파선용왕

나무가치용왕

나무선중용왕

나무정목용왕

나무근지용왕

나무풍심용왕

나무비류용왕

나무자칠용왕

나무선금산용왕

나무주적용왕

나무월각산용왕

나무정백용왕

나무사갈라용왕

나무화적용왕

나무수섭용왕

나무덕차가용왕

주활 아바다제 인내삼만다주 유마제주 유비남산

파약제 어두니소어 두인소 아누다제 삼막삼불

타 두류두류 거제거제 바가바가자 사바하

○ **소청 일체천룡진언**

옴 아비사마야 바아례 다라다라 훔

○ **소청제용왕진언**

나모 사만다 못다남 옴 미가 마리야 사바하

③ **불설천룡경**

나무동방청제보아천룡신 나무남방적제보아천룡 신 나무서방백제보아천룡신 나무북방흑제보아 천룡신 나무중앙황제보아천룡신 좌청룡 우백호

남주작 북현무 제질병고액 피구설 철마장군 순

행오방 윤회겸신사자 풍사장군 파적간귀 영불

내침

옴 급급 여률령 사바하

4 방생기도

양지정수 변쇠삼천 성공팔덕리인천 복수광증

연멸제죄건 화렴화홍련

「나무청량지보살 마하살」 (세번)

나무일심봉청 진허공 변법계 시방상주불

나무일심봉청 진허공 변법계 시방상주불

나무일심봉정 진허공 변법계 시방상주법

나무일심봉청 진허공 변법계 시방상주승

나무사생자모 광대영감 성백의 관세음보살 유

원가지차수 구대공훈 쇠첨군품 영피신심청정

감문표법

나무감로왕보살마하살

○ **신묘장구대다라니** (운운)

석가모니불 삼계의왕 약사여래불 극락도사 아

미타불 도량교주 관세음보살 유명교주 지장보

살 하사옵나니 발로죄건하노니 여당지성으로 수

아참회하라 아석소조제악업 개유무시탐진치 종

신구의지소생 일체아금개참회 죄무자성종심기

심약멸시죄역망 죄망심멸양구공 시즉명위진참회

○ **칠불여래멸죄진언**

이바이바제 구하구하제 다리니제 니하라제 비

리제 마하갈제 진영갈제 사바하 (세번)

귀의불 귀의법 귀의승하라

귀의불양족존 귀의법이욕존 귀의승중중존 갱

불귀의 외마전도하며 사마외도하며 외도사중하

라 제불자등아 귀의삼보 기외하니 금위 여등하

야 나무과거 보승여래 웅공 정변지 명행족 선

서 세간해 무상사 조어장부 천인사 불세존 여

금지심으로 제청 제청하라

중생무변서원도 번뇌무진서원단

법문무량서원학 불도무상서원성

자성중생서원도 자성번뇌서원단

자성법문서원학 자성불도서원성

아금개위여등하야 칭찬여래 길상명호하야 능령

여등으로 영리 삼도팔난지고하고 당위여래 진

정 불자하리라

나무다보여래 나무보숭여래 나무묘색신여래
나무광박신여래 나무리포외여래 나무감로왕여
래 나무아미타여래 제불자등아 차칠여래는 아
서원력으로 발제중생 하시나니 삼청기명 천생
이고하고 증무상도하리라
나무청량지보살 마하살

○ **불설왕생정토진언**

나무아미다바야 다타아다야 다지야타 아미리

도 바비아미리다 싯담바비 아미리다 비가란제

아미리다 비가란다 가미니 가가나 깃다기례사

바하

　나무숭천계보살 마하살

　설회향계방생 공덕수승행 무변숭복개회향 보

원첨익제중생 속왕무량광불찰 나무사바교주 본

사석가모니불 나무동방만월세계 약사유리광불

나무서방정토 극락세계 아미타불 나무도량교주

관세음보살 나무유명교주 지장왕보살 나무일체

청정 대해중보살 원이차공덕 장엄불정토 상보

사중은 하재삼도고 약유견문자 실발보리심 진

차일보신 동생극락국

○ 축 원

염시방 삼세일체 제불 제존보살 마하살 마하

반야바라밀

제三장 성주제문

1 성주청문

○ 보례진언

아금일신중 즉현무진신 변제성주전 일일무수례

옴 바아라믹 (三설三배)

(천수경 정삼업진언 개단진언 건단진언 정법계진언)

○ 거목

나무 오방후토 사중팔신 십이신장

나무 자비변만 덕화주생 성주대신

나무토부용신 유명무명 제대령기중

○ **보소청 진언**

나무 보보제리 가리다리 다타 아다야 (세번)

○ **유 치**

절이 주재통섭 령지자 자비심장 성덕외외 위

광 준엄지처 요마자최 일현자비지덕 소재강복

유구개수 무원부종 시이 남섬부주 해동대한민

국 모도 모읍 모처 모사청정지도량 원아 금차 지

극지성 헌공 발원제자 모인 주소

건명　모생　모인　보체

곤명　모생　모인　보체

장남　모생　모인　보체

이차인연공덕 일체고난 영위소멸 사대강건육

근청정 자손창성 수명장수 부귀영화 내내동서

사방 출입왕래 지처 상봉길경 불봉재해 관재구

설 삼재팔난 일체병고액난 영위소멸(운운) 심중

소구소원 만사여의원만 성취지발원 이금월금일

건설정찬 경헌성전 강부향단 만위단나지원 내

림보좌 극부이제지심 전신찬어 차전청사 근병

일심 선진삼청

나무일심봉청 후토성주 오방진수토부장군 오

방후토제대부인 육갑금기 오행신장 사중팔신

십이신장 호구육방판관신령 선망후망좌우조상

병종권속 유원승삼보덕 강림도량 수차공양

○정 근

나무성주대신(마지올릴때까지)

○정법계진언

『옴람』 (세번)

○ 권 공

이차청정향운공 봉헌제대성주전 감찰제자건

간심 원수애납수 원수애납수(배) 원수자비애납

수(배)

○ **진언권공** (요령으로)

항수나열 재자건성 욕구공양지주원 수장가지

지변화 양유삼보특사가지『나무시방불 나무시방

법 나무시방승』(세번)

무량위덕 자재광명승묘력

○ 변식진언

난막 살바다다 아다 바로기제

『옴 삼바라 삼바라 훔』 (세번)

○ 시감로수 진언

『나무소로바야 다타아다야 다냐타 옴 소로소
로 바라소로 바라소로 사바하』 (세번)

○ 일자수륜관진언

『옴 밤밤 밤밤』 (세번)

○유해진언

『나무 삼만다 못다남 옴밤』 (세번)

지심정례공양 자비변만 덕화주생 성주대신
지심정례공양 오방후토 사중팔신 십이신장
지심정례공양 토부용신 유명무명 제대령기중
유원성주지자비 옹호도량 실개수공발보리시
작불 사도중생
　상래가지이흘 공양장진 이차향수 특신공양 향
공양 연향공양 등공양 연등공양 다공양 선다공양
과공양 선과공양 미공양 향미공양 유원성주 애

강도량 불사자비 수차공양

○ **보공양진언**

『옴 아아나 삼바바 바아라 훔』 (세번)

○ **보회향진언**

『옴 삼마라 삼마라 미마나 사라마 자가라바 훔』

○ **성 주 경**

※ 이하 경중에서 그때 합당한 경을 골라서 염송할 것

○ **소재길상 다라니**

-207-

『나모 사만다 못다남 아바라지 하다사 사나
남 다냐타 옴 카카카혜 카혜 훔훔 아바라
아바라 바라 아바라 지따지따 지리지리 빠다빠
다 선지카 시리애 사바하』(세번)

○ 원성취진언

『옴 아모까 살바다라 사다야 시베 훔』(세번)

○ 보궐진언

『옴 호로 호로 사야몯게 사바하』(세번)

천궁강화 임한량 도생일념 귀무념

소재강복 애민생 함가인구 총안녕

고아일심 귀명정례

② 불설성주경

천상궁음장엄성조대신 상하방별경지성조대신

사바지궁장엄성조대신 당지토지금강지성조대신

딸괘구궁오행지성조대신

근은목왕만당지성조대신

오곡만구여의지성조대신

갑을병정당지지성조대신

무기경신입지지성조대신

임계부동좌지성조대신

자축인묘안심지성조대신

진사오미무호지성조대신

신유술해수호지성조대신

희사영멸불주지성조대신

관재구설불생지성조대신

사명사록안심지성조대신

자손흥성여의지성조대신

화해절명화복지성조대신

동방목신성조대신　남방화신성조대신　서방금신

성조대신　북방수신성조대신　중앙토신성조대신

금목수화토오행성조대신　동서남북출성조대신　조

화농사성조대신　시시변통찰사성조대신　일월성

신조임성조대신　음양오행만복성조대신　북두칠

성장명성조대신

여시여시우여시

옴 급급 여률령 사바하

천상칠성대왕대신　천지신령대왕대신　삼신삼령

대왕대신　사해용왕대왕대신　오방장군대왕대신

팔만사천제대신왕　동방갑을청룡신장　남방병정

주작신장　서방경신백호신장　북방임계현무신장

중앙무기황제신장　북두칠성대왕대신　모갑　성명

심중소원성취하옵소서

3 불설백살신주경

여시아문일시불　주사위국　기수급　고독원　여

백천살　귀신살　나무대귀살신　나무칠살귀살신

나무대귀살신　나무중귀살신　나무소귀살신

나무월귀살신　나무일귀살신　나무시귀살신

나무천첩귀살신 나무지첩귀살신 나무공중첩귀
살신 나무대귀귀살신 나무중귀귀살신 나무소귀
귀살신 나무팔부귀살신 나무칠귀살신 나무오악
산귀살신 나무근악산귀살신 나무오방통귀살신
나무복룡귀살신 나무동방천귀살신
나무남방천귀살신 나무서방천귀살신
나무북방천귀살신 나무중앙천귀살신
나무청제귀살신 나무적제귀살신
나무백제귀살신 나무흑제귀살신

나무황제귀살신

나무주작귀살신

나무현무귀살신

나무사살귀살신

나무칠살귀살신

나무구액귀살신

나무자귀살신

나무사인백천귀살신

나무남방생귀살신

나무북방생귀살신

나무청룡귀살신

나무백호귀살신

나무삼살귀살신

나무육해귀살신

나무팔난귀살신

나무웅귀살신

나무후귀살신

나무동방생귀살신

나무서방생귀살신

나무중앙생귀살신

나무대남생귀살신
나무소남생귀살신
나무중녀생귀살신
나무금귀살신
나무수귀살신
나무토귀살신
나무년탄귀살신
나무일탄귀살신
나무천탄귀살신
나무동방성조살신

나무중남생귀살신
나무대녀생귀살신
나무소녀생귀살신
나무목귀살신
나무화귀살신
나무석귀살신
나무월탄귀살신
나무시탄귀살신
나무지탄귀살신
나무남방성조살신

나무서방성조살신

나무중앙성조살신

나무축지성조살신

나무묘지성조살신

나무사지성조살신

나무미지성조살신

나무유지성조살신

나무해지성조살신

나무동방백천귀살신

나무서방백천귀살신

나무북방성조살신

나무자지성조살신

나무인지성조살신

나무진지성조살신

나무오지성조살신

나무신지성조살신

나무술지성조살신

나무삼세일체귀살신

나무남방백천귀살신

나무북방백천귀살신

나무중앙백천귀살신 나무상방백천귀살신

나무하방백천귀살신 나무택중귀살신

나무근리귀살신 나무원리귀살신

나무소재증복귀살신 나무일체제귀살신

나무공중귀살신 나무혼백귀살신

나무원가일체책주귀살신

불언 제선남자 차경공덕 무량 선신수호 약유중

생 병고 독송예배 병즉제유 만사길창 일체살귀

등 문불소설 개대환희 신수봉행 작례이퇴

불설백살신주경 종

④ 십이봉청성주경

태시 복희씨 신농씨 황제 요순우탕 문무주공 공자 제자칠십이현은 개대성인야라 찰천리 관지맥하야 내지천지조화하시고 내만물지 송복하야 구구팔십일은 천지지기강이요 팔구칠십이는 음양지종시야라 천장은 만만천천구백구십구리야요 지광도 만만천천삼백오십오리야요 전후좌우로 일야요 동서남북은 개시동야라 상고 제왕군자님은 축전축지 하시고 래지조아 소원 성취하소서 동양서음은 부부지례야요 남장북단은군

신지분야요 천양지음은 부모지덕야요 좌우전후

는 형제붕우지서야라 만물지성쇠나 생지흥망과

귀신지길흉은 차차야 재아 마의도사 철관도사

한의도사님은 축전축지하시고 래지조아 소원성

취하소서 천형지원하고 지익지방하고 인욕지방

하고 귀신은 지령하나니 시고로 일월은 원조방

생하사 빈사는 견물하고 복복유여하나니 천지

지변화와 인생지 길흉을 어차가흠야 재아 육갑

육을 천뇌신장 육병육정 지지신장 육무육기 월

건신장 육경육신 일퇴신장 육임육계 조화신장

각위각방 조아래지 소원성취하소서 중생은 경

경하되 불여 일월지위광이요 인물은 쟁쟁하되

불여 귀신지명이요 천택은수돌이나 불여 부모

지은이요 비금은수질이나 불여 풍운지변화니 차

서는 격물지방이라 화산도사 연화도사 방장신

장 천공사 서토존불님은 축전축지 하시고 래지

조아 소원성취하소서 남산지동에 북악이 장미

하고 동령기팔서동이 적두하고 중토번흥에 사

방이 요란하나니 개성인지심과 군자지행으로어

화평지지의라 시고로 명후천지통하고 이찰호민

지고하나니 천지영합십이신장님은 축전축지 하
시고 래지조아 소원성취하소서 원도는 부모야
요 형도는 사제야요 이도는 형제야요 정도는 군
신야요 차서는 천지지사주아요 인형은 춘야요
의형은 하일야요 례형은 추일야요 지형은 동일
야니 차서는 지지사주라 이도선생 정의선생 만
편도인 갈전도인은 축전축지하시고 래지조아 소
원성취 하소서 기린은 수중지 성자야요 봉황은
금중지군자야요 좌토는 수중지소인야라 구생은
금중지 간야니 차서는 인령지 강령야라 부석은

종양하나니 차서는 반복지의라 사신령양 하고

불령은 령양하나니 차서는 귀신지흠입야라 구

구도사 강우도사 소광선생 소강절선생님은 축

전축지 하시고 래지조아 소원성취하소서 천지

개벽즉 온하고 오양지리간기즉 남풍서흥하니 차

는 천지지반복야라 선천지월에 후천지원하고 후

천지조지지외 하나니 차는 음양지선후라 다라

도사 기금무신 육육각방 섭이신장님은 축전축

지하시고 래지조아 소원성취하소서 춘생목은 동

절염지하고 추생한토는 불취하나니 차는 사시

지순서라 천년지송은 지엽성하고 백년지후는 형
수면박하나니 천지지광음과 귀신지변화와 목석
지고를 어차가흠야재 아대허지문과 반퇴지심과
태을지하에 상고지귀는 래지조아 소원성취하소
서 태을장군 복병장군 산악장군 하백장군 축천
장군 축지장군 천지영합십이신장님은 축천축지
하시고 소원성취하소서 태합성갑현 을음내양정
하고 좌무우기전후신과 상임하계는 일시강림하
시와 축천축지하시고 래지조아 소원성취하소서
각위각방에 좌정하신 신령님은 삼백육십제왕을

간성간명하시나니 일시병출하시와 래지조아 하소서

5 성조경

유아동방 성조신은 어느때에 명신인고 천지개벽 섭지초에 일월같이 밝은성조 의탁할곳 없었더니 천황씨 지황씨 유소씨 구목위소 집을지어 식목실 하올적에 비로서 인간성조되여 은봉을 버렸으니 선천지 후천지간에 면면, 촌촌、가가、호호、마다 밝은덕을 전하시고 이제로 논고

하시매 성조님 접응하사 명생길지 정한곳에 좋

은명기얻으려고 봉황동 적살림받아 길일길시좋

은때에 정복판잡아 집을세워 명당성조모셨으니

금각원이 어디메뇨 부궁합궁이 여기로다 좌청

룡 우백호 남주작 북현무는 사방으로 별간성을

둘러싸고 명산대천은 전후를 옹호하니 금곡명

당 빛난곳이 이기지밖에 또있는가 무의하기 밝

은성조 어진기지로 잡았으니 이가정은 점점 밝

아온다 요순우탕 문무주공 공명율중 수신제가

도덕으로 문명한 산수간에 만세일향 뜻을타가

명기분란하야 대가소가 이뤘으니 성조도감이
늬시련고 식목실유소씨라 태고구천상조께서 하
교하사 무곡으로 뿌리삼아 조화로서 듣는나무
금지옥엽 무성하면 길경으로 꽃이피고 무곡으
로 열매맺어 삼광지도 구비하고 만물지수 응한
나무 지성으로 얻어다가 구주연연 배판하야 억
조창생 구형하니 천명이 계실거든 이렇듯 좋은
목재 연장준비 하실적에 대끌소끌 대톱소톱 큰
자묵통 소자묵통 금자꾸 옥도끼를 전후좌우 걸
머메고 동으로 순회하야 목산에 높히올라 춘삼

색을 구하시고 남으로 순회하야 화산에 높히올
라 하삼색을 구하시고 서로순회하야 금산에 높
히올라 추삼색을 구하시고 북으로순회하야 수
산에 높히올라 동삼색을 구하시고 중앙으로 순
회하야 시목을 구하시고 이산저산 골골마다 두
루찾아 다니시되 평수맞은 나무없어 구하기 어
렵도다 성조님이 성심으로 옥황전에 발원하야
월궁에 솟아올라 계수나무 비여내여 광으로 혜
아리니 사억사만팔천장이요 수로서 혜아리니 오
억구만구천척이라 봉황동에다 수리하고 여약으

로 수운하야 궁전가택 창건할제 불양한 헌연장

은 월색에다 들게갈아 톱질, 끌질, 대패질, 사모

반듯 먹물맞춰재목을 다마치고 하도락서 구궁

수로 명기언어 주추놓고 원형이정 벽을쌌고 인

의예지 기둥세워 삼광으로 대량언고 육십사괘

삼백육십사수로 산자언고 팔괘목을 도리달아오

색으로 알메치고 태극으로 계와언고 일월성신

창을달아 비룡주호 단장하니 채색병풍 옥란간에

용궁요대 이아닌가 삼광이 옹위하야 개벽이 회

안하니 화려하고 장한집이 이집밖에 또있는가

오행으로 문을열고 일육수로 북문내고 이칠화로 남문내고 삼팔목으로 동문내고 사구금으로 서문 내고 오십토로 중문내여 중문을 크게열어 문무를 갖춰놓고 연화를 높히달아 어진명신 받자올 제 누구누구 모셨던고 오방토부 장군님은 후원으로 좌정하시고 팔만사천 조왕님은 정지로 좌정하시고 나무일월성신님은 명당으로 좌정하시고 선망후망 조상님은 옥당으로 좌정하시고 목위소 성조님은 상량으로 좌정하시고 오자작과 앵무칸에 장생주를 가득부어 성조님전 헌수

하시고 년월일시 기록하야 상량글을 지엇시되

웅천상지삼광이요 비인간지오복이라 단군기자

지난후에 고려성명도와 이천년 도읍하시고 이

태조 등극하야 일천폭을 무계전승 하시더니 대

한민국 이어받아 만대무강 사통오달 고루거각

일익 발전하오니 성조님덕이 아니올까 동방택

신 성조신은 목덕으로 두오시고 남방택신 성조

신은 화덕으로 두오시고 서방택신 성조신은 금

덕으로 두오시고 북방택신 성조신은 수덕으로

두오시고 신도어찌무엄할까 금일길지 도신하면

가택성조 왕성하시고 길경길사 연생이라 내외

토부장군님은 상당으로 좌정하시고 좌우조왕

님은 중의찾아 분부하사 부모자손 복덕주고 친

척형제 윤기주니 삼재팔난 허터지고 구액만화

허터지니 상량에 성조님은 백년귀객 되여시고

빈주에 구비하고 상경지도 지년할까 일출이작

하고 백의식은 차가중 탁업이요 경전의식 하고

첵접의식은 차가성조 득토로다 신농씨 지은땅

에 격양가로 인증수요 춘만건곤 만복래라 년년

익수하고 안과태평 무량대복 만사대길 심중소

구 소원성취 동서남북 이십사방 재수대통 수롱

천금 부귀길창 수명장수 하옵소서

6 성주경

천지만물이 필수지즉 대인은 득록하고 소인

은 락음하니 비토이 불연즉 가택이 부한고로 천

고지평평 가내만물 소멸하고 백가부제중신이

뇌신하고 상서필지하며 길성이 여위한고로 금

일로 택일하야 차감축원하오니 복걸 가내 사중

입신과 성조대신은 감응감응하소서 천황씨 시

절에는 천에 단제하니 칠성개기 부고로 옥황님이 나계시고 지황씨 시절에는 지부에 단제하야 후토산령 오방토주신이 나계시고 인황씨 시절에는 천호지절 상합하니 육십삼불 나계시고 유소씨 시절에는 구목위소 하야 접짓기 마련되니 성조신 나계시고 수인씨 시절에는 찬수생화하야 고인화식 하였으니 조왕님 나계시고 태호복희씨 시절에는 하도낙서 구궁팔괘 마련되니 팔대신장 나계시고 마당에 벽력장신 굴뚝장신 지봉에 용초부인 마구육축대신 춘추에 양잠부인

-233-

측간에 측간신장 내외문에 수문장 안토지신 명

당신 사중팔신 중에 입주상량 대길창에 성주판

관이 제일이요 성주대신 성주판관 십이성주대

감 목신대감 시시변동 년내월내 시기성주 동서

사방 출성주 동방 목신성주 남방 화신성주 서

방 금신성주 북방 수신성주 중앙 토신성주 금,

목, 수, 화, 토 오행성주 세수걸건 복덕성주음

양오행 만복성주 일월성주 조림성주음

장명성주 계견육축 번성성주 제위신은 금일강

림 하옵소서 운명대감 판관대감 병조대감 형조

대감 공조대감 례조대감 금신대감 목신대감 수신대감 화신대감 토신대감은 금일금지 차가중에 은창조임하소서

7 성주풀이

성주 초가하니 명산지신이라 굴목이 등천악으로 축원공작 하온 향명기세라 제왕되기도 서러고 내금에 춘추사절이 인인가 가이 비토유지라 춘자연면 지철인고 인자는 암지지척이라 비인간지 오복이요 웅천상지 삼광이라. 인생소

원이 비송조하하면 무유부족이요, 성조도 실제

인가 하면 무유자복이라 모생신대주님은 성조

목을 구하려고 동방으로 네려가서 태산목을 빌

려한즉 삼팔목이 되엿구나 지지지신 손생 목을

베일손가 그나무도 못비겠네 남방으로 형산낭글

빌려한즉 사마일목 되엿구나 부모의 혈기지목

을 베일소냐 그나무도 못비겠네 서방으로 화산

낭글 비려하니 관재목이 되엿구나 그나무도 못

비겠네 북방으로 항산낭글 빌려한즉, 산수일목

되엿구나 그나무도 못쓰겠네 중앙으로 토산낭

글 비려한즉 단풍일목 되였구나, 그나무도 못쓰
겠네 어허이래 안되겠네 명산대천 찾아가서 잔
솔밭은 지내놓고 굴근솔밭 찾아가서 솔씨 서말
받은후에 본택에 돌아와서 가만히 생각하니 어
허이래 안되겠네 신농씨의 본을받아 오곡잡곡
농사하야 봉제사 접빈객을 재미있게 하여갈때
세월이 여류하여 솔씨서말 던지려고 경상도 태
백산을 찾아 갈때, 하로가고 이틀가고 그렁저렁
태백산을 당도하야 중허리 훨신올라 상지상봉
올라서니 객산청청 유색신은 태평문이 여기로

다。모생신 대주님은 솔씨서말 던질적에 춘풍

에 바람따라 좌우낭근 돌아가며 소평대평 던져

놓고 본택에 돌아올제 하로오고 이틀오고 그렁

저렁 본택에 당도하야 신농씨의 본을받아 오곡

잡곡 농사지어 봉제사 접빈객을 재미있게 하여

갈제 세월이 여류하여 경상도 태백산에 던진솔

씨 낮이며는 태양되고 밤이며는 찬이슬에 싹이

트고 뿌리내려 호구송이 되여가고 대보송이 되

여가고 화장목이 되여가고 초가성주 되연후에

와가성주 되였구나 모생신 대주님은 대목을 청

할적에 앞집에 이대목, 뒷집에 김대목, 중대목에
도편순네 저대목의 거동보소 이산 저산 왕래하
며 성주목을 비여놓고 대궁바처 톱질할때 부모
수명 천년수로 슬겅슬겅 다려주소 어희여라 톱
질이야 성주목을 톱질할때 내외간에 백년해로
슬겅슬겅 다려주소 어희여라 톱질이야 자손창
성 만세지로 슬겅슬겅 다려주소 어희여라 톱질
이야 대대손손 부귀지로 슬겅슬겅 다려주소
어희여라 톱질이야 톱질을 다한후에 굽은낭근
작다듬고 잦은나무 굽다듬어 대작으로 모를재

여 인의예지 기둥대고 팔조목으로 도리내고 육
십사괘로 본을 내여 석가래를 다낸후에 모생신
대주님은 서른두명 넉꾼을 청해드려 동서남북
뻗은칡을 이리저리 걷어다가 성주목을 육지에
다 하산시켜놓고 영천수 깊은물에 두둥실 띄워
놓고 어기여차 수이가세 앞머리엔 앞사공 뒷
머리엔 뒷사공아 양팔에 힘을주어 험한곳을 잘
보아서 어기여차 수이가세 그렁저렁 한곳에 당
도하여 성주목을 내려놓고 모생신 대주님은 지
관손님 청해드려 패철놓고 집터볼때 이 터전에

대토를 골라놓고 동서남북 둘러보니 안대가 잘 되였네 앞산을 바라보니 노인봉이 기봉하야 부 모수명 할것이요. 좌청룡 우백호에 백년봉이 높 았으니 내외간에 평생동락 할것이요. 문필봉이 높았으니, 문장명필 날것이요. 동자봉이 높았으 니, 자손창성 할것이요. 노적봉이 높았으니, 부 자장자 될것이요. 치부의 터전이요 부자의 터 전이라 이터를 다본후에 지점한번 다려볼제 동 방으로 청학한쌍 묻었으니 그학의 등을 다칠소 냐 삼팔지방 내려가서 가만가만 다여주오 어희

여라 지점이야 남방으로 홍학한쌍 묻었으니 그
학의 등을 다칠소냐 이칠지방 내려가서 가만가
만 다여주오 어히여라 지점이야 서방으로 백학
한쌍 묻었으니 그학의 등을 다칠소냐 사구지방
내려가서 가만가만 다여주소 어히여라 지점이
야 북방으로 흑학한쌍 묻었으니 그학의 등을 다
칠소냐 일육지방 내려가서 가만가만 다여주소
어히여라 지점이야 중앙으로 황학한쌍 묻었으
니 그학의 등을 다칠소냐 오십지방내려가서 가
만가만 다여주소 지점을 다단후에 오행으로 주

추놓고 인의예지 기둥세우고 팔조목으로 도리
얹고 육십사괘로 본을언저 좌우란간 돌아가며
펑고제를 바친후에 상량을 넌짓하고 서화부벽
입춘서를 이리저리 조련하고 태극으로 기와얹
고 오색으로 안토하고 청련화로 띄두르고 오행
은 성이되고 산수는 호대수라 집치장을 볼작치
면 성주님이 굽어살펴 만복을 점지하사 삼팔목
은 동문이요, 이칠화는 남문이요, 사구금은 서문
이요, 일육수는 북문이요, 오십토는 중문인데,
안팍중문 서실대문 열두대문이 근감한데 이덕

이 성주님이 굽어살펴 만복을 점지하사 거북같은 뚜껑복은 어금덩실 기여들제 이가중을 바라보고 어금덩실 기여들제 사람인자 인복은 이가중을 바라보고 어정어정 걸어들어 광안에 들어가니, 은빛같은 쌀 노적은 수물네광 가득하고 황금같은 볏노적은 태산같이 기봉하야 다달이 재수있고 년년 부자되고 대대로 영화로다. 백세 백세 백백세로 천세 천천세 천세로 만세만세 만만세로 점의점지 하옵소서.

8 가택고사문 (성주풀이)

천지만물 조판할제 인간만물 생양되고 일월
성신 작분후에 삼황오제 따라나고 은왕상탕 대
성인들은 선천후천을 배설하시고 하도락서와 주
역서를 편찬후에 인간인생 출세하니 유정무정
걸린인생 팔십이 한명이라 건곤이 개벽후에 명
기산천이 생겼구나 곤륜산이 제일이라 동악태
산 남악형산 서악화산 북악항산 중악숭산은 산
악지조종이요 사해지 근원이라 오초는 동남탁
이요 건곤은 일야부라 만첩산중 운심처에 곤여
초목 성림하고 록수청산 절숭한데 만학천 봉이

개지로다. 산지조종은 곤륜산이요 수지조종은
황하수라 국지조종은 고려대국이요 인지조종은
순덕수라 곤륜산 삼지룡맥이 뻗어나려 천하구
주 분활할제 백자연은 육합이 되여있고 산천은
고고하야 세계를 덮었는데 동태산 소천하는 공
자님의 도량이요 천하지중 락양땅은 중원의 명
숭지라 천문을 열어놓고 지리를 살펴보니 남경
은 오천배요 북경은 현천배라 천태산 용왕이요
금각산 백호로다 남악산 주작이요 태백산 현무
로다 간룡산 흘러내려 백두산이 생겨있고 그산

맥 뻗어나려 묘향산이 생기였네 우리시조 단군
님이 이산에 하강하사 평양성 천년도읍 그 아니
장하오며 또한가지 뻗어나려 천하제일승지 금
강영주 방장봉래산이요 그아니 장려하며 그산맥
이 흘러나려 오대산을 마련하고 양주땅 달려드
러 삼각산이 되였구나 삼각산이 떠러져서 어정
주즘 나린줄기 룡두호미에 학의형국 분명하다
인왕산이 주인이요 종남산이 안산이며 왕십리
청룡이요 동구만리 백호로다 봉의등에 터를 닦
고 학을 눌러 대궐지으니 궐내에 육조로다 팔
문장안에 억만가구는 태평성덕이 억만년지 구

궁이라 각도 각시읍 마련할제 평안도 삼십삼관
함경도 이십칠관 강원도 이십육관 황해도 삼십
칠관 경상도 사십이관 전라도 사십사관 충청도
이십관 경기도 이십칠관을 마련하니 여천지 무
궁이라 원아금일 사바세계 남섬부즉 시동번지
대동내에 일년내에 성음하고 이년에 성취하니
백성이 안중이라 가택이 없을손가 유소씨시절
에는 구목위소하고 수인씨 찬수생화신농씨 농
업법은 경전의식하고 채약이 음고로 가내일족
에 방방곡곡 가택이요 가가호 성주로다 이동

중 돌아들어 제일명당 찾아드니 룡반호복이 여기로다 주장봉이 청룡이요 백운산이 백호로다 왕생득 고장화는 앞수구를 막아있고 록존문곡 길성은 흉악살을 막아있고 안대에 문필봉은 문장재상 날것이요 로적봉 고창성이 주정에 솟았으니 천하부귀 될지로다. 경계많은 이터전에 모씨건명 대주님이 이기지를 창기할세 초가성주 세다하니 성주나 풀어보자 재목인들 있을손가 만첩청산 들어가서 춘삼삭 씨가나고 하삼삭 잎이되고 추삼삭 결실하고 동삼삭 음기받아 사시

장창 자란나무 섭리안에 오리나무 섭리밖에 수
무나무 아닌밤중에 잣나무 낮에보아도 밤나무
춘하동 사시절에 발발떠는 사시나무 부귀공명
엄나무 울울창창 송백을 구해놓고 이가기를 창
건할제 옥눙에 터를 닦고 청룡출 금부용은 천
각으로 생겼는데 곤산옥돌 주추놓고 기산오동
네모청에 오행으로 기둥세고 원형이정 도리얹
고 육합으로 중기질러 삼합으로 사개안고 호박
으로 들보얹고 산호로 반자하야 사시장청 황양
목을 옥도끼로 비어다가 금도끼로 다듬어서 은

대패로 살살밀어 생기복덕 년월세덕을 배합하
고 룡반호거 갈라부처 웅천상지 삼광으로 비인
간지 오복으로 뚜렷이 새겨얹고 영춘세목 구해
다가 너시레를 종종매고 인의예지 례의염치 팔
조목으로 연목걸고 기와로 영개하고 금사토로
벽바르고 이집을 지어놓니 제일명당 여기로다
성조대신 입택이요 금목수화토 오행각은 운소
에 솟았으니 귀부인의 거처분명하고 오방활즉
마련되니 제석신의 처소로다. 안채는 복복자요
밖앗채는 목슴수자 수복영창 느린밑에 한일자

열두간 중행랑을 호박주조 요령집으로 바쳐질

세 소슬대문 중간허청 우불구불 평고자 구름도

리 세차평에 봉의머리 채색하고 룡의머리 단청

하여 주란화각이 반공중에 솟았는데 구궁팔괘

중법실은 토지지신 전소되고 내외음양 삼귀문

은 방위가 뚜렷하여 장춘화기 품었으니 삼강오

륜 몸이되고 인의례지 가지뻗어 부귀공명 꽃이

되고 자손창성 열매맺어 무량불 노인성은 백이

십명을 주고 부귀장단 심었으니 검로화기 돌아

들며 상운서기 모여드니 성주대신의 덕이로다.

⑨ 개업축원문

나무일심봉청 사바세계 남섬부주 해동대한민국 주소거주 가정은 모갑성씨 가정이요 명당일래라 차가정 차명당에 모년월일 대주가모 남생기 여복덕 가려받아 상탕에 두발목욕 중탕에 전신목욕 하탕에 수족세수하고 높은 산수빌어 천문에 기도하고 중앙에 황토빌어 오방에 금토놓고 부정을 소제하고 의관을 정제한후 청량산들어가서 성오수를 길러다가 상정미 정히 씻어 반병뫼를 짓고 감로주 채육과를 골고루 가추어

-253-

놓고 향촉을 사루어 놓고 지극정성 드리오니 하
나님은 삼십삼천세계상위에 태상노군성신 님은
중위에 태을성군님은 하위에 사위하시고 옥황
상제님전에 명령을 받으시고 대성북두 칠원성
군전에 명령을 받으시고 차산국내항주대성 금
은재보 가진상품 무궁유통하시며 석숭의 복을
주어 복록번성하시고 포덕천하 명진사해 하시
고 거래간에 신용철석 관재구설지액과 모실지
액이며 선행주행지액이며 둔갑대소 금루지액과
화액수액 도적지액을 영위소멸 하옵소서 운운

※ 병액신액 : 신수가 불길하여 우연히 득병한 후 수일이 경과토록 지성을 다하여 온갖치법 다했으나 백약이 무효하고 명의도 무색하여 지극정성 복원하오니 모갑의 신금고통을 개소멸 하시고 즉득쾌차 삼일영차하옵시고 운운

※ 기타소망발원 운운

이명당 만리웅택 세세웃전 안과태평 부귀길

창백자천손 유전하고 육축번영 재수대통 남전 북답 오악산제군 익성보덕진군 항주 시방법계 본산산왕님전 명령을 받으시고 사해수궁 용왕

님전 명령을 받으시고 본주본산 선왕대신 명령을 받으시고 이명당 이기지 좌청룡 우백호 남주작 북현무로 시위하고 좌수문장 우수문장 모시고 상계성조 중계성조 하계성조님을 모시고 팔만사천 제대조왕님을 모시고 천지우주 건도성남 곤도성녀 마련하시고 본제왕님을 모시고 제불제천 보살님 천백억화신 석가 세존님의 무애대도 어지신 불경을 사여축복 하시기를 비나이다.

유세차 금월금일 발원제자 모 갑 성명이

※점포 : 근근히 자생하야 이명당 윗터에다 모

점을 개설하고 상호를 높히걸고 생산업 상업을 시작하오니 복원제신령님은 감응하시와 신수대통 재수대통 주시와 문전성시하고 래객이 운집하며 소원성취 관재구설 삼재팔난 소멸하옵시고 세세년년 지나가도 일분손재 소멸하고 천안고 만인래조 우계란정 복수여시 대원능제하성덕 소서

※ **지 신 제 문**

마당에 제단을 마련하고 분향한후 정구업진

언 오방내외안위제신진언 개법장진언을 염송한

후 지신을 청한다.

10 불설지신경

○소청지신진언

나모 사만다 못다남 음 마리 제미사바하(세번)

나무태극지신래조아 나무황극지신래조아

나무동방청제지신래조아

나무남방적제지신래조아

나무서방백제지신래조아

나무북방흑제지신래조아

나무중앙황제지신래조아

나무이칠지신래조아

나무사구지신래조아

나무전방지신래조아

나무손방지신래조아

나무임자방지신래조아

나무간인방지신래조아

나무을진방지신래조아

나무병오방지신래조아

나무일육지신래조아

나무삼팔지신래조아

나무오십지신래조아

나무간방지신래조아

나무곤방지신래조아

나무계축방지신래조아

나무갑묘방지신래조아

나무손사방지신래조아

나무정미방지신래조아

나무곤신방지신래조아 나무경유방지신래조아

나무신술방지신래조아 나무건해방지신래조아

나무상계지신래조아 나무중계지신래조아

나무하계지신래조아 나무성조지신래조아

나무전문후문지신래조아

나무전정후정지신래조아

나무주중지신래조아 나무대청지신래조아

나무고방지신래조아 나무마구지신래조아

나무원단지신래조아 나무대문지신래조아

나무청측지신래조아 나무오방오색토지신래조아

나무 오방오색 토장군지신 래조아 나무 오방오색 토룡왕지신 래조아 나무 오방오색 토판관지신 래조아 나무 오방오색 토동자지신 래조아 나무여시 각위제지신 래조아 상당위호 안온택중 무유흉화 개실소멸 부귀길창 소구개득 현관구설 일시소멸 즉설주왈 옴 급급 여률령 사바하

11 소토지신주

근청 차간토지신 자세수파 수화문 왕래대로 수아주 불허투루 아형적 오봉태산노군 급급 여

률령칙

주문(동서남북 중앙에 소금과 쌀을 뿌리며 외운다)

령신이여 범작차토 토살성군 오점도 중앙중
앙 무기토 토신토탈、 비토비살 중앙토신 황변
도벽 송토살 여악범작 황면살신 범작토공 토파
토살성군 전두염미 유인계수 두대수미 고일암
매암몽 기온찰상수문 범작비토 토살성군 유인
계수 구재림 조감두개후 구정우급고 앙두범작
비토살성군 앙두암욱 유인기작고뇌각 계수구
재수림 두전후벽 유인위리위극 유인개작미벽개

구진득 범작비토 토살성군 유인답토작지 유인

소전청지 우리로 서두굴체택 범작비토 토살성

군 유인출비위분퇴 굴토굴고고첩 유인절구착토

벽 개착정탑 충포건곤작 유인호조 정두정미 유

인도장 도웅도경 도중개장 개농장 문창창 범작

비토 토살성군 천살 지살 음살 양살 상살 화살

요살 마살 화살 수살 삼십육 천강철십이지살총

공일백영파살 수수청귀령 무기도 무포기식 표

방백벽 순수소재

제四장 조상제문

1 조상축원문

유세차 모년, 모월, 모일, 모갑 성명이 상상길
일 택하여서 선망조상 후망조상 부모 좌우조상
혼령님과 다생사장 다생남여 형제숙백 숙질남
매 원근친척 무주고혼 령가전에 만반진수 감로
주를 구비하고 지극정성 발원하옵니다.
복유 천부지재하시니 덕막대은이요 신령인귀
하니 도막중언이라 인요칠통칠액하니 호천구생
이라 귀신도사난인지 상경이라 지성이면 감천
이요 지심이면 웅심이니 감웅하소서 천지음양

이 유순하야 남녀길흉 하옵나니 역시즉 흉하고 순시즉 길하나니 길자를 치라하고 역자를 멸지 하옵나니 자고로 성인군자도 귀천도신 연후의 천복변화지도야라 하나니 천지지간에 신명기덕 택이 최성최령 하옵고 인물거래에 인도유덕하 사 복원 신령지덕택 하사불성이라 요신기묘병 이무소불의 하시니 일단요사귀를 하란멸지시리 요 복원 천지자비하사 건곤이 증앙후에 음양천 역 지중의 신명지 덕이라 최성최령하사 일월광 명사시활절이 명언하고 수화상숭하야 인무병고

하고 남녀화합하야 자연성하고 자연장하고 노

즉 자연노하고 병즉 자연병하고 사즉 자연사하

야 인유별고하옵더니 후천속말의 인심이 분분

하야 인다횡의하고 인다요사하고 인다회살하고

인다무자하고 인다흉병하고 인다빈천 하옵기로

우졸한 인간이 유목불순하고 유이불청 하옵기

로 복원신명전에 지성발원하오면 구제중생 절

처봉생 사중구생 소원성취 하여 주실줄로 지성

발원 하옵니다. 부대인자는 여천지로 합기덕하

고 여사시로 합기서하고 여귀신으로 합기길흉

하옵나니 선천이 천부하시고 후천이 봉천시하

야 전차물의 하시니 단어인호아 단어귀신호사

악무지성 발원이면 하필제액이면 기유제살 하

오리까마는 만한봉현 우천장백하라 신명상지

하여주시기를 시시령제 하소서。금일(주소성명)

지성복원 축복하오니 천지만액과 백살、천살、

억만살과 년액 월액 일액 시액이며 관재구설액

과 도적손실봉세액과 부부간 이별살과 원진살

과 고신과숙살과 대소금루지액과 선행보행지액

과 우마차락상지액과 삼재팔난액과 포태양생살

과 욕히 관앙살과 신병사장살과 천지만액이며
금살 옥살 수살 화살 토살 오행동토지액이라도
일시소멸 하시고 일체횡사요사귀를 영영소멸하
소서(모갑성명) 가중은 일년삼백육십일이 돌아
가도 안과태평 자손창성 다손하고 부귀공명 심
중소구 개성취하도록 조상님전에 천만번축원하
오니 대발하여 주옵소서 우졸한 인간이 어찌인
력으로 좌우공덕 바라오리까 자고로 석연하옵
시며 도사구정하사 상제전에 바쳤으니 큰 공덕
이 아니시며 왕생은 칠년대한의 도우사님 거야

사하사데 우방수천리 비를주셔도 단풍의 인연 백성을 건저주시니 공덕아니시며 노나라 숙양 축씨는 년장사십에 무일점혈육하와 그아네안씨 부인데리고 구월산에 들어가서 칠성단 정히모 아 칠일제계후 백일산제 기도하야 지성복축 하 오니 천지신명과 명천이 감동하사 만고대성 공 부자를 탄생하셔 대성지성 문성왕이 되셔 혈식 천추 하였나니 큰공덕이 아니시며 삼국시절 제 갈공명도 유황숙을 위하여 남병산 들어가 칠성 단 정히모아 삼일기도 계신령 백모로 지성발원하오니 명천인 감응하사 십일월 이십일 갑자일에 동남풍 불어대여 조조의 십만대병을 적벽강하에서 소멸하고 한실을 중흥하였으니 어찌 큰 공덕 아니시며 옛날 성인군자도 명산대천 신령당에 지성발원하야 소원성취 하였으니 큰 공덕이 아니시리 만안단여 사태부사 예인이야 다일러 무엇하오릿가?

금우사바세계 해동대한민국 시동거주 건명대주 모갑성명(소원사병액난운운)모성명이 일년삼백육십일 내내 돌아가도 사

대강건 육근청정 재백운집 금옥만당 자손창성

안과태평 주실줄로 이정성을 드리려고 일상생

기 이중천의 삼하절체 사중유혼 오상화해 육중

복덕 칠상절명 팔중귀혼 살펴 남생기 여복덕가

려 상상길일 택하여서 유세차 년월일에 일체부

정을 제살하고 액삼문에 황토놓고 내사간에 도

량청정하고 동방의청룡수며 남방의 적룡수요

서방의 백룡수요 북방의 흑룡수요 중앙의 황룡

수를 받처놓고 상탕에 두발씻고 중탕에 세수하

고 하탕에 목욕제계한후에 상정미 중정미 하정

미 뉘를골라 촉반 삼색과실 고여놓고 불백기로 재여놓고 이정성 발원하오니 (모성인) 발원사를 성취하여 주시기를 천만발원하옵니다.

천지미지전에 만물이 미성이라 하유신통 하유인통 하유기도지법 하오리까마는 천지내자하니 천황씨 나계시고 지벽에 축수하니 지황씨 나계시고 인생이 인하니 인황씨 나계시고 물생이 별하고 구출어진 연후에 천황씨는 목덕으로 임하시고 지황씨는 화덕으로 임하시고 인황씨는 형제구인이 분작구조 하여있고 유소씨는 식목실위소 하시고 염제 신농씨는 백성의 농사법을 발원하시고 태호복희씨는 육십사괘 마련하시고 문왕은 팔괘를 마련하사 이되후인 하이시고 지대지성 문성왕공자님은 철환 천하하사 삼천제자로 인의예지 삼강오륜 밝혀내어 억조창생 가르쳐 천추에 유전하여있고 열성신명에는 인간에 하강하사 만인간의 정성을 감응하사 소원성취 하옵기를 점지하시와 감응하시고 (모성인) 소원성취 하여주시기를 복원 발원하오니 감응하소서.

② 불설연화해원경

홍색으로 피는연화 살려내는 환생화요 자색으로 피는연화 수명장대 뿌련화요 적색으로 피는연화 요조숙녀 정열화요 백색으로 피는연화 효자충신 절개화요 삼색으로 피는연화 삼십삼천궁화요 이십팔수황세계 만고복덕 천덕화요 칠색으로 피는연화 칠보궁전 수신화요 사억팔만대장경에 만답설법 불토화요 또한고을 살펴보니 일지오봉 생겼으니 청룡황용형국이요 좌봉산 봉황이요 우봉산 학되고있네 청계홍계 생겼

다네 일만화초 만발하고 각색으로 피는연화 기

묘하고 찬란하다 만리황천 멀고먼길 소식전턴

대계화요 옛날부터 죽은고혼 살려내는 환생화요

효자충신 착한사람 사시정열 장단화요 한전세월

환과고독 만전세월 부귀영화 천덕화요 단명오금

죽은고혼 수명장수 백년화요 절세가인 착한사람

방초하절 란초화요 오음육률 피리소리 매화장천

사철화요 일월같은 선남선녀 백년해로 천정화요

육수회수 죽은고혼 밝은세상 일월화요 비명천사

죽은고혼 원이독생 극락화요 육자염불 도를닦아

자타일시 불도화요 천병만병 병든사람 살려내는
회명화요 선동선녀 풍악소리 극락세계 우연화요
입산수도 중이되여 홍가사에 백팔염주 보수목탁
손에들고 아미타 모란화요 나무들고 회치압고
살아생전 못산연분 호철화요 소상팔경 임당수
에 심낭자 죽은고혼 인사불생 생명화요 나신적
사 악의악식 사후중죄 지옥화요 경우직녀 분녀
대녀 년년칠월칠석오면 일년일도 심장화요 아
황여영 일심형제 눈물뿌려 소상반죽 수신화요
만리전생 죽은명장 환고향을 못하시고 죽은후에

-276-

새가되여 나무가지마다 죽은나무 기촉화요 백년

만화 피는꽃은 의지할곳 생길소냐 극락세계 장

하도다 염불성취 장하고나 염불성불 불공이라

금일영가 일체고혼 만전불사 차린산수 만년불휴

명명주요 여차한잔 전하오니 인간물욕 전혀없고

만세만세 만만세 극락으로 인도되여 마음착히

선심하소.

나무아미타불(세번)

③ 만조상해원경

선망조망 후망조상 부모좌우조상 혼령님과

다생사자 다생남녀 형제숙백 숙질남매 원근친척
무주고혼 금일영가 저혼신은 혼이라도 오셨으면
만반진수 흠양하고 일배주로 감응하시고 살다남
으신 명과복록은 자손궁에 전하시고 송경법사
법문받아 모질악자 악심버리시고 착할선자 선
심돌려 풍화환난 제쳐주시고 재수소원 생겨주
시고 왕생극락 들어가서 인도환생 하옵소서 나
무아미타불 금일영가 저혼신은 무엇이 맺처 원
이시며 무엇이 맺처 한이나요 원은맺처 한이되
고 한은맺처 원이되니 낮이면 양기품고 새가되

야 앞문으로다가 옛을 보고 밤이되면 음기품고
쥐가되여 뒷문으로 옛을보아 꿈가운데 래왕하
고 맘가운데 래왕한들 혼이오면 온줄알며 넋이
간들 간줄아나 흐르나니 눈물이요 모롱부롱 한
숨이라 세상사를 생각하니 묘창해지 일색이요
이세상에 탄생할제 남난시에 나도나고 남과같이
낫건만은 어떤사람 팔자좋아 고대광실 높은집에
원앙금침 좌우복에 두손목을 마주잡고 백년해로
동락하며 유자생녀 재미보아 아들길러 성취하고
딸을길러 출가 혼인시킨후에 친손보고 외손보고

-279-

증손 고손 보아가며 오동나무상상가지 분황같이
잘사는데 전생에 무삼죄로 남과 이대로 내못다
살고 아차한번 쓰러지니 혼은떠서 상천이요 넋
은처저서 이성이라 이성에도 반원되고 지성에도
반원되야 이성도 내못믿고 지성에도 내못믿어
초로인생 생각하니 묘창해지 일속이요 부유에
생활갖고 우수에 밤을갖어 물위에 뜬 거품같고
풀잎에 맺힌 이슬같고 밤바람에 등불일세 아차
한번 쓰러지면 다시올길 막연하네 이제가면 언
제오리 언제오나 명년이때 춘삼월 불탄잔띄 속

잎나고 꽃은피여 만산되고 잎은피여 청산되면
벌비쫓아 온다던가 상전이 벽해되고 벽해가 상
전되면 오마던가 태산이 무너저서 평지되고 황
해바다 육지되면 오마던가 병풍에 그린수탉 적
은목을 길게빼고 좁은날개 툭툭치며 꼬꼬 울면
오마던가 춘초는 년년록이요 왕손은 귀부귀라
풀과 나무는 한번지면 움도나고 싹돋건만 인생
한번 죽어지면 움이나서 싹이나며 낭기라서 움
돋으리 청천하늘 높다해도 상경일첨에 잇으리
요 북경만리 멀다해도 편송행차는 다녀오고 강

남천리가 멀다해도 삼월삼춘에 봄이되면 연자는 쌍을지어 옛주인을 찾아오고 청천하늘 은하수는 오작교로 다리를 놓아 년년일도 상봉하는 경우직녀도 있건마는 원수의 황천길은 몇천리며 몇만리가 한번가면 못온다오 동원도리 호시춘에 꽃을보고 노는나비는 짝을지어 소일하며 록음방초 성하시에 슬피우는 두견새는 날과같이도 불여길래 어이가리 황천길을 어이가나 생왕극락을 가자하니 약수가 삼천리에 풍한서습에 길이 막히고 옥경으로 가자하니 장천이구

만리라 옥경에도 내못가고 생왕극락도 내못가고 이성원혼이 되고보니 그아니 원혼이요 금일 영가 저기우시는 저영혼은 이내 한말을 들어보소 인생일사 도무사요 한번왔던 이세상에 한번 가시기 정함인데 인간백세 난종우요 백살에가 셔도 정한명이요 인간칠십 고래희라 칠십에가 셔도 정한명이요 열살에 죽어도 정한명이요 비명횡사도 팔자라오 성현군자 도덕군자 대인군 자 성인들과 영웅렬사 호걸이란데도 한번 죽음 은 다있다오 공맹자 그양반도 도덕이 모자라가

셨으며 요순우탕 문무주공 성덕이 모자라 가셨
나요 만승천자 진시황은 세력이 모자라 죽었으
며 력발산초패왕은 기운이 모자라 죽었나요 침
잘놓던 편작이가 맥을못봐 죽었으며 약잘쓰던
화타선생이 화제를 몰라서 죽었나요 점잘치던
소강절이 괘를 못풀어 죽었나요 아항여영 두미
녀는 요임금의 소생으로 순임금을 섬기다가 소
강위에 이별하고 피눈물을 뿌릴적에 매디마다
아롱지고 소상반죽이 생겼으니 근들아니 원혼
인고 금일영가 저혼신은 그런 혼신의 본을반아

한번가심에 원을마시고 왕생극락에 들어가서 인

도환생 하옵소서 나무아미타불

귀비활운 장년신이요 양귀비 용태화용 천하

일색 그미인은 당명황의 소실로서 만종록을 누

리다가 만조백관의 미움받아 역정에가서 목을매

여 격랑치사 원혼되였으니 근들아니 원혼이요

그설음 같을소냐 금일영가 저혼신은 그런 혼신

에 본을받아 한번가심에 원마시고 생왕극락에

들어가서 인도환생 하옵소서 나무아미타불

만숭천자 진시황은 역갑천년후에 천하일색 모

아놓고 아방궁에 노닐적에 원하오니 불사약이

라 동남동녀 오백인을 삼신산에다 보냈건만 불

사약을 못구하고 한번죽엄 못면하고 여남송벽

저믄날에 황제무덤이 뚜렷하니 근들아니 원혼

이요 그설음 같을소냐 금일영가 저혼신은 그런

혼신에 본을받아 한번가심에 원하지마시고 왕

생극락 들어가서 인도환생 하옵소서 나무아미

타불

　말잘하든 소진장의 육국제왕불 다달래야 육

국정정 한연후에 아방궁까지 달랫건만 염라대

왕은 못달래고 한번죽음을 못면하야 근들아니

원혼이요 그설음 같을소냐 금일영가 저혼신은

그런혼신에 본을받아 한번가심에 원마시고 왕

생극락 들어가서 인도환생 하옵소서 나무아미

타불

력발산 초패왕은 천하영웅 명장이라 십육세

에 강을건너 팔천제자를 다결치고 천하 대업을

도모하다가 팔년풍진 난중중에 대업성사 못이

루고 계명산 추야월에 수잘놓던 장자방은 옥통

수를 슬피불어 팔천제자 다헛치고 독불 장군이

되였으니 우해우해 내약하고 낸들너를 어이하리
역발산도 할일없고 기재세도 쓸데없네 평생에
사랑하던 우미인을 남겨놓고 천금산에 목을바쳐
영결종천 고혼되니 근들아니 원혼이요 금일영가
저혼신은 그런혼신에 본을받아 한번가심에 원마
시고 왕생극락 들어가서 인도환생 하옵소서 나
무아미타불
　금일영가 저혼신 육갑가운데 어느갑에 매쳤
나요 십대왕 가운데 어느대왕에 매였나요 저승
갑을 론즉하면 경오갑이 상갑이요 이승갑을 론

즉하면 갑자갑이 상갑이라 경오, 신미, 임신,

계유, 갑술, 을해, 여섯생이 상갑인데 어느 대

왕에 맺혔나요 제일전에 진광대왕 도산지옥에

맺혔으니 정광여래 대원으로 이지옥을 면해가

소 원왕생 원왕선 서방정토 극락세계 왕생극락

하옵소서 나무아미타불(세번)

무자, 기축, 경인, 신묘, 임진, 계사, 여섯생

이 상갑인데 어느대왕에 맺었나요 제이전에 초

강대왕 화탕지옥에 맺혔으니 약사여래대원으로

이지옥을 면해가소 원왕선 원왕생 서방정토 극

락세계 왕생극락하옵소서 나무아미타불(세번)

임오, 계미, 갑신, 을유, 병술, 정해, 여섯생

이 상갑인데 어느대왕에 맺혔나요 제삼전에 송

제대왕 한수지옥에 맺혔으니 현겁천불 대원으

로 이지옥을 면해가소 원왕선 원왕생 서방정토

극락세계 왕생극락 하옵소서 나무아미타불(세번)

갑자, 을축, 병인, 정묘, 무진, 기사, 여섯생

이 상갑인데 어느대왕에 맺었나요 제사전에 오

관대왕 검수지옥에 맺혔으니 아미타불대원으로

이지옥을 면해가소 원왕선 원왕생 서방정토 극

락세계 왕생극락 하옵소서 나무아미타불(세번)

병자, 정축, 무인, 기묘, 경진, 신사, 여섯생

이 상갑인데 어느대왕 매였나요 제오전에 염라

대왕 발설지옥에 매였으니 지장보살 대원으로

이지옥을 면해가소 원왕생 원왕선 서방정토 극

락세계 왕생극락 하옵소서 나무아미타불(세번)

경자, 신축, 임인, 계묘, 갑진, 을사, 여섯생이

상갑인데 어느대왕 매였나요 제육전에 변성

대왕 독사지옥에 매였으니 대세지보살 대원으

로 이지옥을 면해가소 원왕생 서방정토

락세계 왕생극락 하옵소서 나무아미타불(세번)

갑오, 을미, 병신, 정유, 무술, 기해, 여섯갑이

상갑인데 어느대왕에 매였나요 제칠전에 태산대

왕 좌마지옥에 매였으니 관세음보살 대 원으로

이지옥을 면해가소 원왕생 원왕생 서방정토 극

락세계 왕생극락 하옵소서 나무아미타불(세번)

병오, 정미, 무신, 기유, 경술, 신해, 여섯갑

이 상갑인데 어느대왕에 매였나요 제팔전에 평

등대왕 추해지옥에 매였으니 노사나불 대원으

로 이지옥을 면해가소 원왕생 서방정토

극락세계 왕생극락 하옵소서 나무아미타불(세번)

임자, 계축, 갑인, 을묘, 병진, 정사, 여섯생

이 상겁인데 어느대왕에 매였나요 제구전에 도

시대왕 철상지옥에 매였으니 약왕보살 대원으

로 이지옥을 면해가소 원왕생 원왕생 서방정토

극락세계 왕생극락 하옵소서 나무아미타불(세번)

무오, 기미, 경신, 신유, 임술, 계해, 여섯생이

상겁인데 어느대왕전에 매였나요 제십전에 전

륜대왕 혹산지옥에 매였으니 석가여래 대원으

로 이지옥을 면해가소 원왕생 원왕생 서방정토

극락세계 왕생극락 하옵소서 나무아미타불(세번)

육정육갑 생원들이 금일제자 성심력과 법사님

의 설법으로 지장보살 대원들이 명부지옥 면하

시고 인로왕보살 인도로서 아미타불 수기받아

극락세계 상품상좌 연화대로 가옵실제 반야용선

집어타고 생사대해 건너가서 연화대에 환생하소

원왕선 원왕생 서방정토 극락세계 왕생극락 하

옵소서 나무아미타불(세번)

천수경으로 길을 닦고 팔양경으로 인도환생 하

소서 급급여률령 사바하

○ 관세음보살해원진언 (천수경 팔양경 법화경 고왕 천수경 경 미타경을 송할 것)

옴 삼다라 구덕 사바하 (세번)

○ **만조상청배해원경** (비명횡사자를 푸는 경)

남생귀아 여생귀아 동성남녀 원혼귀아 이성남
녀 원혼귀아 산아락태 원혼귀아 수원신금 원혼
귀아 결향치사 원혼귀아 지별하사 원혼귀아 가
부가전 원혼귀아 토부복사 원혼귀아 무주고혼
원혼귀아 유주무량 원혼귀아 처벌하시 원혼귀아
산천귀아 원혼귀아 천길지하 원혼귀아 소재통혼

원혼귀야 그제락교 원혼귀야 상단간귀 원혼귀야
중단간귀 원혼귀야 하단간귀 원혼귀야 원족간귀
원혼귀야 근족간귀 원혼귀야 친족간귀 원혼귀야
외척간귀 원혼귀야 처족간귀 원혼귀야 사족간귀
원혼귀야 무슨원귀이든지 자고로 성인군자 렬
녀 효자들도 원혼이 있었으니 자세히 들어보아
라 석자의 진시황도 만리장성 쌓아놓고 육을실
화에 두고 백년대를 유전하마터니 이세가지 자
망하였으니 그도 또한 원혼이라 그서름 같을소
냐 오국제 오자서도 백제의 참소를 듣고 목을

걸어 죽은후에 두눈을 빼어 동문장에 걸어보니

그도 또한 원혼이라 그설음 같을소냐 아황여영

두미인도 순제를 만나려고 소상강을 들어가 그

뜻을 못이루고 피눈물을 뿌리여 소상반죽 되였

으니 그도 또한 원혼이라 그설음 같을소냐

초패왕도 우미인을 위하야 백년동락 하자드

니 오장청청 말을듣고 자문이사 하였으니 그도

또한 원혼이라 그설음 같을소냐 당명황도 양귀

비와 백년동락 하렸더니 안록산의 난을만나 마

루에 락상하니 그 또한 원혼이라 그설음 같을소

나 만승천자 진시황도 불사약을 구할라고 동남
동녀 오백인을 허송산삼 하였으니 여삼풋초가
되였구나 그도 또한 원혼이라 그설음 같을소냐
이같은 초로인생이 성전의 일자가 여차하니 원
혼이라 이승길이 부질없고 저승길이 막혔으니
선내축복하야 식물벌채 하라 조상없는 자손 있
으며 자손없는 조상있을소냐 삼사촌 혼백이라
도 오륙촌 혼백이라도 왔거든 참상을 하옵소서
못다먹고 못다살고 못다입은 혼백이라도 황천
객이 되였으면 청춘남녀수명 남녀재물 남녀

금슬 남녀 죽은혼백이라도 왔거든 많이 참성을
하고 청춘남녀 죽은혼백이라도되여 인간재미아
주몰라 저승길이 희미하다 금세상에 나타나서
의지할곳 바이없다 어데로 가잔말가 동원도리
변지춘풍 꿈을보고 나는봉첩 짝을지어 노래하고
록음방초 성화시에 산천경기 명랑한데 슬피우는
두견새는 날과같이 슬피운다 위군추야 등여성은
슬프고 슬프도다 추월양명 귀날릴제 가련하고
불쌍하다 연약한 이내혼신 누굴쫓아 의지할까
중천에 바람자세 할일없이 부모동생 일가친척

찾아가면 신상도 불안하고 자손궁도 불적하며

재물도 방해된다하여 시찰귀라 일시도 머물지

못하게 하며 창검으로 목을벤다 화불로 그전다

하며 죽인다하니 속절없이 쫓겨갈제 황천길이

나 닦아주소 나무아미타불(세번)

언제나 나도 다시 살아나서 인도환생하야 부

모님전에 효도하고 형제간에 화목하며 부부간에

등기하며 남성하여 무궁지리 하여볼까 나무아미

타불(세번)

백골이 진토되여 청송록죽 굳은절개 백설풍운

휘날릴제 이아니 한심한가 춘하추동 사시절차

춘추향명 사명절에 산천기래 불과신사 입택동기

하는집에 예의염치 다버리고 문전걸식 생각조차

숲으도다 남자혼신 여자혼신 동자혼신 동여혼신

절통하고 가련하다 세상에 다시나서 부자유친

형제자매 부부유별 붕우유신 장유유서 하련마는

유명이 달랐으니 그럴수도 바이없다 세상에 차

심피심 다버리고 극락세계 들어가세 나무아미

타불(세번)

④ 불설해원경 (一)

○ 해원경진언

옴 삼다라 가다 사바하

나무동방천황해원신

나무서방천황해원신

나무중앙천황해원신

나무후토지신해원신

나무오악지신해원신

나무산신귀신해원신

나무남방천황해원신

나무북방천황해원신

나무오방용왕해원신

나무오방대장해원신

나무오방내외신해원신

나무가내가신해원신

나무대왕대신해원신
나무묘전묘후해원신
나무선망인귀해원신
나무십이군왕해원신
나무좌우내외조상해원신
나무동기남녀해원신
나무가택정중해원신
나무인리거생해원신
나무원근친척해원신
나무재물출입해원신

나무사위신당해원신
나무고묘구대해원신
나무후망인귀해원신
나무삼황오제해원신
나무부부남녀해원신
나무제형숙백해원신
나무동리거생해원신
나무동성이성해원신
나무객지객사해원신
나무금의포목해원신

나무유기철물해원신
나무목물토석해원신
나무오방오색해원신
나무적호간사해원신
나무풍사지귀해원신
나무광사지귀해원신
나무미삼지귀해원신
나무가중타인해원신
나무부부미망해원신
나무목성남녀해원신

나무마포저속해원섬
나무청색홍색해원섬
나무남녀지귀해원신
나무허심지귀해원신
나무타인작해해원신
나무우사지귀해원신
나무미심지귀해원신
나무관중관물해원신
나무금성남녀해원신
나무수성남녀해원신

나무화성남녀해원신

나무오성남녀해원신

나무거리무주해원신

나무우마낙상해원신

나무수사화사해원신

나무행중행차해원신

나무온환설사해원신

나무토성남녀해원신

나무육갑부모해원신

나무전물출입해원신

나무산아낙태해원신

나무목석동토해원신

나무시기온황해원신

나무사척행차해원신

차상무수해원신 금일정법호식해원신 청차상무

수해원신 금일청법호식해원신 숭불신력 장불가

지 취자청정보좌 포아선열지법공 일체원결 즉

득해원

5 불설해원경(二)

제일전에 진광대왕 소속 주계해원신 제이전에

초강대왕 소속주계 해원신 제삼전에 송제대왕

소속주계 해원신 제사전에 오관대왕 소속 주계

해원신 제오전에 염라대왕 소속 주계해원신 제

육전에 변성대왕 소속 주계해원신 제칠전에 태

산대왕 소속 주계해원신 제팔전에 평등대왕 소

속 주계해원신 제구전에 도시대왕 소속 주계해원신 제십전에 전륜대왕 소속 주계해원신 지부사자 소속 주계해원신 속즉 사천사자 소속 주계 해원신 강림도량 사자 주계해원신 진사명사자 주계해원신 구기성사자 소속 주계해원신 일측제왕사자 주계해원신 일측고양사자 주계해원신 삼시측사자 주계해원신 입묘천황 일월 성신 모성인사자 주계해원신 시작판관 주계해원신 목 사판관 주계해원신

강도는 탈옥 윤리도족 부정난죄 합불작면 일

광 월광 용관제석 삼태칠성 중복수 선신극락세

계 대자대원 대성본존 지장보살 마하살

⑥ 조상경

선망부모 조상이면 후망부모 조상이면 고모

부리 조상이라 중조부리 조상이면 고조부리 조

상이면 부모부리 조상이라 근친부리 조상이면

원조부리 조상이라 조상님들은 조상경에 강림

하야 해원경에 원을풀고 육갑해원에 길을 찾아

인도환생 하루경에 애원동심 원을풀어 시방세계

문을열고 극락세계 들어가서 인도환생 하옵소서

「나무아미타불」 (세번)

7 하청주문(해원경)

결청결청 지심결청 삼해대중에 지심결청 글랑절랑 두어두고 금일령가 왕생극락을 가신행차 충암절벽을 가려낼줄 어이그리 모르신고 글랑절랑 두어두고 이가중의 열위령가 청춘고혼 남녀령가 혼신들은 송경법사 법문듣고 매친 소원을 모두 풀고 염라대왕의 문초받아 천재만재

지은죄를 일심으로 다시하야 재뒤같이 날라가고
극락으로 인도할제 동서남북 구경가자 동방세계
로 들어가니 동방에는 청유리세계 청의선관 청
의선녀 청의동자가 청사초롱에 청촉꽂아 청련
대상에 불밝히고 아미타불이 전좌하야 금일령
가 모셔놓고 일차설법을 하옵시며 극락으로 인
도하니 어이아니 좋을손가 나무아미타불 동방
세계를 구경하고 남방세계로 들어가니 남방에
적유리세계 적의선관 적의선녀 적의동자가 적
사초롱에 적촉꽂아 적련대상에 불밝히고 아미

-310-

타불이 전좌하야 금일령가 모셔놓고 이차법문을 설하시며 극락으로 인도하니 어찌아니 좋을손가 나무아미타불

남방세계를 구경하고 서방세계로 들어가니 서방에는 백유리세계 백의선관 백의동자가 백사초롱에 백촉꽂아 백련대상에 불밝히고 아미타불이 전좌하야 금일령가 모셔놓고 무진설법을 설하시며 극락세계로 인도하니 어찌아니 좋을손가 나무아미타불

서방구경을 다한후에 북방세계로 들어가니 북

방에는 흑유리세계 흑의선관 흑의동
자가 흑사초롱에 흑촉꽂아 흑련대상에 불밝히
고 아미타불이 전좌하야 금일령가 모셔놓고 왕
생극락을 발원하니 어찌아니 좋을손가 나무아
미타불

북방세계를 구경하고 중앙으로 들어가니 중
앙에는 황유리세계 황의선관 황의동
자가 황사초롱에 황촉꽂아 황련대상에 불밝히
고 아미타불이 전좌하야 금일령가 모셔놓고 루
차설법을 설하시며 극락으로 인도하니 어이아니

좋을손가 나무아미타불

글랑절랑 두어두고 오방으로 들어가니 오색초
롱에 주촉황촉 갈라세워 선자명부 상단우에 오
색등불 밝혀놓고 지장보살님 전좌하야 금일령가
모셔놓고 일체중생의 심행데로 중생을 제도할제
상주설법을 설하시니 어찌 아니 좋을손가 나무
아미타불

글랑절랑 두어두고 극락세계로 가려며는 생사
바다를 건너야만 극락세계로 가올찌니 배를타
야 갈테인데 배를 모으자 강상에 뜨는배 풍월

싣고 가는배 동강에는 칠리탄 음자정에 낙수뱅
가 이배 저배 다버리고 한숭정 들어가서 반야
용선 모을적에 동방에는 박대목 서방에는 김대
목이라 박대목은 큰톱들고 김대목은 도치들어
짧은 낭근 길게 끊고 긴 나무는 짧게 끊어 반
야용선 모아타고 생사바다 건너갈제 한가운데
아미타불 관음세지양대보살 인의예지로 돛을 달
고 삼강오륜 배를 몰제 효자충신 노를저고 효
부열녀는 닷을주고 한가운데 아미타불 관음세
지 양대화상이 청기홍기를 높이 달고 수경보개

는 손에잡고 하만영락 하실적에 조조장단을 부
여잡고 건달바왕 가진풍류 만반공중에 솟았구
나
부는 바람은 청풍이요 돋는광명은 명월이라
태평가를 부르면서 생사바다를 건너갈제 천동천
녀는 시립하고 팔부신장이 옹호하야 이물에는
이사공 저물에는 고사공아 슬렁슬렁 배띄워라
생사바다 건너갈제 순풍에 돛을다니 빠르기가
살같구나 순식간에 생사바다를 건너가서 선창
아래 내려가서 법성원융 넓은들을 자자이도 노

니면서 그저그저 극락으로 어서어서 들어가서

정토문을 열어보자 정토문을 열고보니 황금으로

땅이되고 백금으로 성을쌓고 칠중란순 둘러있고

칠보양단이 덮혔구나

글랑절랑 두어두고 또 한곳을 당도하니 청정

강수 맑은물에 오색련화가 피였으니 청색은 청

량이요 적색은 적량이요 황색은 황량이요 다각

기 광명띄웠는데 광명쫓아 살펴보니 다각기 열

위령가께서 불보살님 원력으로 련대궁에 탄생

하니 안양국이 어디메냐 극락세계가 분명코나

극락세계 장엄봐라 청학 백학 앵무 공작 각색 새가 날아 들어 염불성으로 울음울제 아미타불 관세음보살 염불성으로 울음우니 극락세계가 분명코나 극락세계로 가는길은 평원광야 넓은 들에 대도상 큰도량이 좋기도 하옵시고 좌우로 라 좌편꽃을 바라보니 청상벽도 도리화며 란초 살펴보니 좌편에도 꽃밭이요 우편에도 꽃밭이 지초 불노초 부귀모란 심어놓고 우편꽃밭을 살 펴보니 의철축 진달래 맨두래미 봉선화를 거리 거리 심었는데 잎은피여 자자하고 꽃은피여 만

발하니 탐화하는 봉첩들은 꽃을보고 좋아하고
두날개를 떡벌리고 너울너울 춤을추니 극락세계
가 분명코나 극락세계로 가는길은 거리거리 수
양버들 실낱같이 드리워서 춘색을 자랑한다 이
나무에 앉은새는 청조가 아니며 저나무에 앉
은새는 황조가 울음운다 이나무에 앉은새 저가
지에 우는새는 청조 황조 앵무 공작 두견 접동
오색 새가 다각기 울음울제 아미타불 관세음보
살 염불성으로만 울음우니 극락세계가 분명코
나 극락세계 좋은길로 재유재용 하올적에 별의

지 원혼일령 명신대천 로변성왕 본원제석 금불

보살 춘삼화류 추야옥윤 동위보호 극락세계 아

미타불 관세음보살 지장보살 도로령신 백세화

해령에묶은 일체원귀령가께선 왕생정토 극락

세계 좋은길로 영결종천 들어가서 왕생극락 하

옵소서 나무아미타불

귀명 청정법신 비로자나불

귀명 금강견강자성신 아촉불

귀명수용지혜신 아미타불

귀명 공덕장엄취신 보승불

귀명 작별화신 불공성취불

8 성조경

나무동방갑을 청제장군 백살신 남방병정 적제
장군 백살신 나무서방경신 백제장군 백살신 나
무북방임계 혹제장군 백살신 나무중앙무기 황
제장군 백살신 나무동남간방 성조살신 나무서
남간방 성조살신 나무동북간방 성조살신 나무
서북간방 성조살신 나무대귀살신 나무중귀살신
나무소귀살신 나무가왕부모 이익신 호중신 정
중신 난중신 나무태세 삼세일체 성조살신

자년 축년 인년 묘년 진년 사년 오년 미년 신년 유년

자월 축월 인월 묘월 진월 사월 오월 미월 신월 유월

자일 축일 인일 묘일 진일 사일 오일 미일 신일 유일

자시 축시 인시 묘시 진시 사시 오시 미시 신시 유시

입주상량 천하대지 입주상량 입주상량 입주상량 입주상량 입주상량 입주상량 입주상량 입주상량

성조대신 용궁대신 성조대신 성조대신 성조대신 성조대신 성조대신 성조대신 성조대신 성조대신

술년 술월 술일 술시 입주상량 성조대신
해년 해월 해일 해시 입주상량 성조대신
십이제대 성조대신 유원자비 애강도량 수차공양
향화 청(세번) 제피수리 안민호 문호남녀 진위옹
보살자비래함력 상호장엄 현유통 고아일심
귀명정례

○보공양진언

음아사 나삼바바 아라훔

○성주풀이

성주님 근원이 어디신고 인생이 인방하시고 귀

생어진 방이라 반공씨 명찰하사 차생 지축데고

천왕씨 나신후에 도덕을 왕하시고 인왕씨 나신

후에 화덕을 황화자는 십이형제 생지하고 십이

월 십이일 시를 마련하시고 태산이 평지되고 화

강유지 되어 유일유소시 나신후에 귀목의소 하

읍시고 목실로 벗을삼고 염제 신농씨 나신후에

농사법을 가르쳐 곡곡등풍 마련하고 태호복희

씨 나신후에 이작팔괘 천지음양 마련하고 황제

회원씨 나신후에 사해 배를모아 이제불통 하옵

시고 하우씨 솥을내고 수인씨 불을내어 고인화

식 마련하고 문창성 나신후에 일월성신 주야상
율 마련하고 금목수화토 오행의로 천지조화
분별하고 춘하추동 이십사절 마련하고 춘추지게
락으로 인간세상 마련하고 하느님은 삼신 삼천
세계 제불 제천 불보살님 천상세계 도솔천궁게
시옵고 상초금원 옥황님은 인간세계 팔만제국
억조창성 제육하고 산신성불 윤토세존 삼만여
인 삼세조석 수만민 하옵시고 화되초목은 비급
조죠 수만사의 위하옵시고 화에 초목은 낙수에
하오시고 천지의 유택함외풍이 배답이요 부철

일월은 나라생 만물하니 저상수파는 산신님 조령이요 수귀조령은 요왕님의 실력이라 만물이 생득하고 인간이 자라날때 옷나무 옷이열어 밤나무 밤이열고 싸리나무 싸리열고 수풀로 집을 지어 인간이 지내난 이짐승과 하염없이 지내든 그시절 성주님이 화생할때 성주님 아버지는국 방안씨요 성주님 어머니는 마화부인이요 성주님 조부씨는 청궁대왕이요 성주님 조모씨는 태을부인이요 성주님 외조부씨는 태을성궁이요 성주님 조모씨는 월성부인이요 성주님 합부인은 옥신부인이라 일일이 생각하니 인간세계 팔만궁에 인간이 있다해도 의지할 집이없고 수풀로 의지하야 짐승같이 자라나니 인간의 세계로다 할수없이 아버님전 고하신 후에 지하궁을 내려와서 팔만궁을 둘러보니 온갖 나무는 있다하니 하나도 쓸나무는 전혀없고 못창하게 일속이라 어찌아니 한심할가 나무없는 이연고로 솔청궁을 나가서 옥황님전 상소하니 옥황님이 화기하사 대단히 칭찬하고 상지상속 솔씨 3말 3되 7홉 4억을 하시니 성주님 일업는 안성궁이라

옥황님전 백배살회하옵시고 지하궁을 내려와서
팔만궁 처처마당 무주공산 들어가서 여기저기 허
터대니 그솔씨가 일적월적 자라나서 밤이면 이
슬맞고 낮이면 햇빛받아 점점이 자라나니 몇십
년 당도하니 낙낙장숭 밀타야 성주님 거동보소
태산에 올라 대목놓고 소산에 올라 소목내고 앞
집에는 이대목과 뒷집에는 김대목과 서른세명
역군잡아 금철산 들어가서 태산에 올라 대불미
놓고 소산에 올라 소불미 놓고 대톱 소톱 찾아
내고 장돌망치 찾아내고 대대패 소대패 다찾아

서 칠덕월덕 남생기생 하가리라 상탕의 머리감

고 중탕에 목욕하고 하탕에 수족씻어 좋은의복

갈아입고 만단진수 교양지어 무주공산 들어가

서 청천도랑 좋은방석 만단진수 차려놓고 북향

사배 축문일러 산신님전 제만하고 별목일로 다

시받아 역군장성 삼백팔인을 거느리고 무주공산

들어가니 온갖나무 장성하야 군장청절 송목이

면 늘어졌다 상목이면 휘어졌다 고목이면 일출

부용 상나무요 하기좋다 형장목과 애필수에 진

달목과 노가지에 행목이면 보기좋다 문목이면

세가리도 모진박달나무 봄집골라 오동나무 객

사청청 버드나무 요황자목 백자목이 여기저기

무성하다 기밀한 강목중에 쓸나무 몇몇인고 금

도끼로 둘러메고 이웃들이 올이메고 상지상목

먼저베여 옥도끼로 다듬어서 끝다목을 비여내여

산신전에 받치시고 뿌리 토막내여 굽은나무 곱

다듬어 이가정 상하채를 지어낼때 용해머리 터

를닦고 팔대궁 집을안처 일육수로 물반하여 일

일이 기둥세워 삼강오륜 들보언고 팔조목을 도

리걸어 육십사괘 연목걸고 사십구공 박공걸어

하도락서 위를걸어 오십도로 알매쳐서 삼백팔

십사도수로 기와올려 울을덮고 일월광명 창을

내어 태극으로 단청하고 음양으로 민주하고 호

박씨 주추유리 지동청능 황도벽에 항농되고 황

금지 장판에 은색으로 띠를 놓고 칠첩으로 낭

강놓고 고대광실 높이잡고 천덕방에 고방짓고

생기방에 설문내고 월덕방에 사렴내고 상낭에

하신말씀 당산학발 천연수요 설하자손 만세영

이라 천정세월 인정수요 춘만건곤 복만가라 고

방문에 하였으데 소지환이 황금출이라 개문향

이 만복내라 요지에 일월한이 순지에 건곤이라

응천상지 산광이요 비인간 오복이라 인간처소

집을지어 인간에 전도하니 성주님에 안성궁씨

세세유전 내려오면 자고로 성주님에 태산같은

깊은 은공 누구말연 잊지마소

제一장 경문

① 구호신명경

이시불 재사라쌍수간 임바니원시 사리불 아란급 무량무변 제대보살마하살 제대제자 일체천인 개래집회 불환정좌 고아난언 오당입 반니원 아멸도후 오탁악세중 일체중생 당위악마 중사고도 탈인정기자 구인단자 횡래살자 아란여호근심 유포차경 영악세중 중생 무유병고 무유횡사 중사고도 실개소멸 아란 아소촉루 유뉴차경 약유중생 무남무녀 무귀무천 유능독송 차경

일구 일게자 중사악귀 부득망근 약재대수중 약

재화중 상당 독송시경 능실단제 하이고 차경

유대 위신력고 상당독송시 약불능독송자 단당

착회중 지심 수지시경자 즉지과거 미래 현재

제불 신력 약욕원행자 상당지거 처처촌락 일심

위인연설 유능 수유청자 소원실득 아란불불 허

전 차경 불소비요 심락가득 비여묘약 능유독병

능락악기 능단악독 유인지행 제악독충 중사고

도 욕래침해 문차약기 사향산거 불감회시 차경

역부여시 유질병자 당정세욕 일심독송 중악제

유 불고아란 약유중마고도 불수아어자 아당사

초마조 중사고도 여압유앙 실개소멸 무유 유여

불 직거 칠불명자 제일 비바시불 제이 시기불

제삼 비사부불 제사 구루손불 제오 구나함모내

불 제륙 가섭불 제칠 석가모니불 약유고액병통

자 당사독송 차칠불명자 제사고도 실득소멸 무

능침근 불설차경이 불고아란 아금연민 제중생

고 변당갱설 육신명자 일명 바내라이명 가내라

삼명 선타가 사명 근가 오명 마두 육명마기 차

시 육신명자 아란 약유중생 무남 무녀 무귀 무

천 유고액자 개당칭설 육신명자 소환소제 중역

악기 부득내견 일체멸진 무유유여 불고 무량무

변 제대보살 마하살 급 천신왕 일체천인 아멸

도후 약유수지자 소촉법자 여등 상당 쥬야옹호

영득안온 문수사리보살 백불언 세존 아당어 불

멸도후 장이십오보살 어악세중유독숭차경처 아

등 주야재기좌우 옹호시인 중사망량 부득내견

상사시인 와안 각안 수행선법 불찬 문수사리등

선재선재 우능옹호아백천만억 겁중 소가수집 아

녹다라 삼막삼보리 이시 사천신왕 편단우견 우

슬착지 일심합장 이백불언 세존 아당어래멸

도후 각장권속 안행국제 유능독송 서사수지시

경가 아등권속 상래수축 시인 주야옹호 영불견

악 시인 욕행광야중 아상 수축도종 근심옹호영

득안온 불리시인 불령악귀 망래침근 상득충족

불령기갈 무소핍소 소욕구자 아등신왕 실령공급

여기소원 무소핍소 하이고 시인 능력유포 차경

수행선법 공양삼보 영불단절고 이시 건달바왕

아수라왕 가루라 긴나라 마후라가 인비인등 각

각호괴 어여래전 일심합장 백불언 세존 아등천

인 상당비행 어악세중 문유독송 서사 수지신경

자 아등천인 여기권속 공도시인 소주지처 청수

자경법 상당수호 주야불리 재기사면 옹호시인

중마악귀 부득침근 부득횡래 탈기정기 부득횡래

절명 부득횡래 요해 부득구기단 부득횡래 촉압

영독불행 아등권속 상래새시인 소수지처 어허공

중 시인 약우대화 아등권속 수기방편 구호기신

불령화소 약우대수 급결표거 아등권속 즉어허

중 내접시인 영불견익수 즉환재안 득도수란 약

우대적 아등권속 재기사면 구공호시인 능력적

심 도장불거 즉발자심 불령살해 약우관법 게박

가쇄 주야수고 아등권속 어허공중 능력기관 심

생환희 실령방사 개득해탈 아등권속 일심구호

불령타연 이득요란 무량무변겁중 상념차경 세

존 은근소촉지법 구주유포 불부찬 제천인등 선

재 선재 여등권속 증어아승지겁중 치우 백천만

억 제불 금내옹호 아백천만억중제자 능령유포

차경 독송서사 방편구제 불령견악상행 선심 이

시 건달바등 각여권속 정례불족 일심봉행 불고

아란 오이우수 마여정상 여호용심 오소촉루 유

유차경 아란 여호근심 유포차법령 일체중생 실

득문지 아란 여최시 오심중죄자 아소출법 실부

촉여 오금부이련민 일체중생고 욕령해탈 불환

정좌 부족차경 아란 차경존맹 극유위신 권령일

체 족성남녀 공양향화 잡채연등 속명 부능전독

숭습 구인 질병고액 지자 현재안길 장래왕생 무

량수국 즉화생연화중 구체금색 신상구족 지혜

용건 여상배자 공덕여시 불가칭게 아란당용 호

지 호필 호묵 지심서사 아소출법 상하구게 여

불소설 지심수지 무령망실 일구일게 일점 일획

아란 아금련민 중성고 유촉차경 개령 일체유형

설게언

수복수락보 소욕개자연 초유생사류 상적진열반

약인호위복 천신자연호 소원개자성 중마불능괴

박복다저노 복능소제환 복덕기뢰강 속성견고정

생천수쾌락 인중역자재 사유공덕고 소주개자연

인차복방편 영리생사고 득도지열반 부득불부생

이시 아란재 세존전 일심합장 신모실수 전전

궁궁 일심제청 불어 불감망실 일구일게 유루이

건 세존 소촉지법 지심수지 광명유포 아란부언

② 불설천존각온황신주경

문여시일시불 유왕사성 죽림정사 여사부제자

대중구회설법 이시 유야리국 조온질 기맹위 혁

적유여치화 사망무수 무소귀취 무소구요 이시

아난 장궤합장 이백불언 피유야리국 온황독성

유원천존 설제성술 각피독질 영득안온 영리고

환불고현자 아난 여당체청 유칠귀신 살토독

기 이해만성 약인득독기 두통한열 고통난언

인유지기명제자 독불해인 시고오금 위여설

지 아난언 하등시 불언약제자 욕칭 귀신명

자지시 당작시언 나무불타야 나무달마야 나무

숭가야 나무 과거칠불 나무시방제불 나무시방

제보살마하살 나무제현성 나무지주영아제지소

설신주 즉종기원 여시신명 아금당설 사라커 사

라커 사라커 사라커 변설

신주왈 몽다난귀 아커니귀 아커라귀 바라나

귀 아비라귀 비리리귀 불언 시칠귀신명자 여시

약인 열병시 당호 칠귀명자언 질거질거 막득

구두신종독기 속득제유 아제자 귀의삼보 소향

예경 행시제불 소설신주 약유귀신 불수제불교

자두파작칠분 여아이수지 약인득병 일일 이일

삼일 내지칠일 번열민란 선주신주 영병자음지

당칠편 독송차경 병덕 오온지병 병개소멸 약일

문진저 독기병자 당서 칠귀명자 부이오색 누선

계착호상 대길상야 약능근송 차경 전심수지 전

계불끄오신 송차 칠귀신명자 온황지귀 영단불

감 과문 약자신 진거지환가 귀개주산 일신영불

염착 약능권인 초사수지차경 송앙각귀 무불길

상 약불능송 직취죽통 성안문호상 기귀불감과

영득연년익수 심대길상 아난차수 백불언 하명

차경 운하봉지 불언 차명 천존각온황신주 불설

여시 천룡귀신 일체대중 문주환희 작례봉행

③ 불설용호축사경

천접지접축사살신　오방대왕축사살신

오방장군축사살신　사해용왕축사살신

동방청제축사살신　남방적제축사살신

서방백제축사살신　북방흑제축사살신

중앙황제축사살신

팔괘구궁축사살신

병부사부축사살신

비렴상문축사살신

청룡백호축사살신

택중팔신축사살신

대모소모축사살신

오귀칠살축사살신

금신조객축사살신

천사모창축사살신

오행육갑축사살신

태세세형축사살신

대살세살축사살신

사시팔절축사살신

주작현무축사살신

복룡승지축사살신

태음태양축사살신

관부관축사살신

천은월덕축사살신

잠실복병축사살신

금은옥백축사살신
물색거래축사살신
금수세저축사살신
자손노비축사살신
전곡출입축사살신
타인작해축사살신
자작지화축사살신
당처지신축사살신
가택문호축사살신
부모혼백축사살신

인물출입축사살신
폐물출입축사살신
유기철물출입축사살신
우마육축축사살신
오색지물축사살신
자작지물축사살신
성조지신축사살신
가내동토축사살신
목석동토축사살신
증외조상축사살신

부부가인축사살신 숙질남녀축사살신

자매내외축사살신 남녀아동축사살신

일가동기축사살신 신당낙동축사살신

원근친척축사살신 조묘발동축사살신

대중소아축사살신 택중겹살축사살신

신자신녀축사살신 오악근병축사살신

흉환화해축사살신 년월일시축사살신

불설차경시 일체제신 개대환희 신수봉행

옴 급급여률령 사바하

○ **육자대명왕진언** (병액을 물리칠때 침을 놓을 때)

천하언재부 지하언재부 태상요인 벽력장군 뇌
공신 천동장군 지동장군 사바라 천존언 일위승
마 천원지방 육을귀장 유시도처 제악귀신소멸
차지해중지 육자대명왕진언 옴마니밤메흠(세번)
사바하 급급여율령

4 **벽사경** (중앙천정을 향하여 세번 외운다)

천지대왕 극락대왕 소재대왕 벽력대왕 백제
대왕 흑제대왕 황제대왕 수극대왕 옥황님선불

대왕

민선에 있는 영풍대왕 민간에 있는 선지대왕

세상에 오풍 곤륜대왕 잡귀는 물러가라 옴 급

급여율령(세번)

5 불설축귀경

나무동방삼지축귀신　나무남방삼지축귀신

나무서방삼지축귀신　나무남방삼지축귀신

나무중앙삼지축귀신　나무오방삼지축귀신

나무제석궁삼지축귀신　나무태세궁삼지축귀신

나무동방청제용왕축귀신
나무남방적제용왕축귀신
나무서방백제용왕축귀신
나무북방흑제용왕축귀신
나무중앙황제용왕축귀신
나무수신화신축귀신
나무삼천지축귀신
나무부지명위축귀신
옴 급급여률령 사바하

나무금신목신축귀신
나무토신축귀신
나무지삼지축귀신

⑥ 불설간귀경

천상지하간귀신

증조부모간귀신

부부소아간귀신

삼사오륙촌간귀신

원리근리간귀신

노비행사간귀신

수신화신간귀신

학질두통간귀신

나라채질간귀신

외증조부모간귀신

형제자매간귀신

칠팔구십촌간귀신

원족근족간귀신

금신목신간귀신

토신오행간귀신

초학요통간귀신

수족복통간귀신
산사음질간귀신
안질인후간귀신
갑을생남녀간귀신
무기생남녀간귀신
임계생남녀간귀신
마구천정간귀신
성조지신간귀신
옥사무주간귀신
동서남북방간귀신

이목흉통간귀신
면질내종간귀신
급사광사간귀신
병정생남녀간귀신
경신생남녀간귀신
천간지지간귀신
염질낙상간귀신
객사형장간귀신
고성고묘간귀신
청룡백호간귀신

주작현무간귀신

산군해왕간귀신　　구진등사간귀신

제이초강대왕간귀신　제일진광대왕간귀신

제사오관대왕간귀신　제삼송제대왕간귀신

제육변성대왕간귀신　제오염라대왕간귀신

제팔평등대왕간귀신　제칠태산대왕간귀신

제십오도전륜대왕간귀신　제구도시대왕간귀신

삼십팔장이십팔숙간귀신

년월일시간귀신　　천사만사간귀신

팔만사천사갈라대왕간귀신

옴 급급여률령 사바하

○ 간귀진언

귀도라재 귀도자재 천생만민 필수기직 천위
야 지위야 아귀일월묘지 성제타인 복뢰 차처금
강신진언 차갑장신 육갑구장 천원지방 사중위
요 천하대피방 당아자사 피아자생 금일출행 좌
청룡 우백호 남주작 북현무 제질병 금당대 옥
당대 금대 천측월 측사측 사길만사 아검비상지
검 아도비상지도 금귀취신 성제불제 천장표

옴 급급여률령 사바하

7 불설우마장생경

나무숙통대신 나무천명대신 나무천작대신
나무백의대신 나무시장대신 나무주장대신
나무이장대신 나무천덕대신 나무천리대신
나무일월대신 나무일광대신 나무월광대신

옴 급급여률령 사바하

8 불설패목신주경 (눈이 나쁘거나 병이 났을때)

여시아문 일시불 재사위국 서다림중 여대비

구중 천이백오십인구 이시 불고 문수보살 마하

살 기유보살명왈

보광보살패목신

월광보살패목신

등명보살패목신

보명보살패목신

삼찬보살패목신

동방목정패목신

서방금정패목신

중앙토정패목신

일광보살패목신

혜광보살패목신

정명보살패목신

마리지천보살패목신

문수보살패목신

남방화정패목신

북방수정패목신

천왕성패목신

지황성패목신

독황성패목신

열황성패목신

천이일체패목신

지이일체패목신

월일시주패목신

패목신주 대다라니왈

옴 여여 가습제 사바하

○ **개안광명진언**

옴 작수 작수 삼만다 작수 미수다니 사바하(세번)

인황성패목신

찰황성패목신

사명성패목신

공이일체패목신

연주일체패목신

불고여시패목신

9 불설안목청정경

이시 불고문수사리보살언 약유중생 안목불청정
자 당념삼보명호 즉득청정 예막 파제 정동명정

남무십방삼세일체불타야   근청개명불안청정

남무십방삼세일체달마야   근청개명법안청정

남무십방삼세일체승가야   근청개명혜안청정

남무상정진보살   근청개명불안청정

남무대비관세음보살   근청개명법안청정

남무대비보상보살   근청개명혜안청정

남무대비일정보살　근청개명천안청정

남무대비공덕천신　근청개명육안청정

설차경시개명오안　신수봉행

개안청정진언　남무삼만다못다남

옴 아률제사바하 (삼칠종송)

10 축사경

천개 어무자지방 지벽 어기축지방 인생 어경

인 지방 천지인 출입지문호 범불론 귀신지덕 제

신중 흘파렬연 흑염라왕 제귀신등 함청여언 오

도비상지도 오검비상지검 지천즉지락 당아자사

피아자생 앵책귀신 명종하처 암종하처호. 인즉

선심수 귀즉속거 만리지외

옴 급급여률령 사바하

11 천부경

일시무시 일석삼극 무진본 천일일 지일이 인

일삼 일적십기 무케화 삼천이 삼지이 삼육삼합

육생 칠팔구운 삼사성환 오칠일 소연만왕 만태

용변 부동변 부동본 본심본 태양망명 인중천지

일일 종일 천상천지대왕 화합 일체악 일체사

일체마 일체폐 일체마신 일시소멸

○ **천도진언** (잡귀 물리치는 주문)

심사영지 아심정 무궁조화 금일체 벽사경중

앙천정 천지대왕 극락대왕 청제대왕 벽력대왕

적제대왕 백제대왕 흑제대왕 황제대왕 수극대왕

옥황님선불대왕 민선에 있는 염풍대왕 민간에

있는 선지대왕 세상에 오픈 곤륜대왕 잡귀등살

은 썩물러가라

옴 급급여률령 사바하

12 불설도액가살풀이

대문간에 숨은살 마구간에 우마대살 장독간

에 꼬두대살 앞마당에 와지끈 번개살 뒷마

당에 벼락살 천살마살 귀신살 부엌엔 팔만사천

조왕살 선반밑에 딸각살 물독에 미여부인 쌀독

간에 채독살 엄덕제살을 소멸하자 마루청에 성

주살 방안엔 삼만시준살 팔만사천 제왕살 벼루

밖에 일곱칠성살 이백저백개살 이궁저궁 네

궁살 농안에 뉘복살을 청정소멸하고 지붕 위에

용요살 뒷깐엔 주당살 공장안에 철물살 수채구

렁 홀린살 대장군방에 파괴살 퇴식방위 곤액살

물에 용왕살 들에 야신살 산에 백호살 돌에 석

신살 로중에 객사살 상문조객 망신살 길흉대사

제귀살 제반악살 속거타방 만리지외

옴 급급여률령 사바하

○ **퇴 귀 주**

등고산이 망대해하니 일금므룡 삼두육족 팔목

구미하고 조식악귀 삼천 모식악귀 사천 오당여

약불견 즉 소룡작흘이리라

급급여율령(세번)

13 불설중복경

나무천시중복신

나무상계중복신

나무하계중복신

나무남방중복신

나무북방중복신

나무지시중복신

나무중계중복신

나무동방중복신

나무서방중복신

나무중앙중복신

나무명산일월중복신

나무천상태자중복신 나무인신사해중복신

나무자오묘유중복신 나무진술축미중복신

나무동방청제중복신 나무남방적제중복신

나무서방백제중복신 나무북방흑제중복신

나무중앙황제중복신 나무적호대부

졸사제중복신 유원자비 내림취좌 모씨령가 왕

생극락 가옵소서 나무아미타불(세번)

신 살 풀 이 <small>(대장경부록 먼저 소구령주 다음 소구령)</small>

소구령주

천존이언하사되 신중구령을 하불소지리요 하시니 일왈천생이며 이왈무영이며 삼왈현주며 사왈정중이며 오왈혈책이며 육왈회회며 칠왈원이며 팔왈태연이며 구왈령동이라 소지즉 길하고 신중삼정을 하불호지리요 하시니 일왈 태광이며 이왈협령이며 삼왈령정이라 호지즉 경하나니 오심이 번만하고 육맥이 창회하며 사지부영하야 백절이 고급커든 선송 차경이니라 인무신장이며 하유위덕이면 무죄인간아니며 하필위

령하오리까 시고로 천명지간에 하사를 불성하
고 하령을 불행한들 하필위령 하오리까 복원 천
상천존 지평하사 건곤이 민천하사 생래자연 생
하고 노즉자연사니 세간속말에 인심이 불순하
야 한나라 명제시에 서역불법이 신통화 중국하
야 전파해동 하신후에 일체 중생들을 사중구생
하고 절처봉생하니 인무독경하오며 인신이 성
왕하고 일신이 단명하며 사중팔신이 단명하신
고로 무위독경하니 봉현 천지신명께서는 일체
백사만물을 축응축하소서 환희봉행하소서

옴 급급여률령 사바하

15 불설구천상제경

구천상제 하강지위 옥황상제 하강지위 석가여래
하강지위 섭이부대왕 하강지위 오악산왕 웅감치
위 사해용왕 웅감치위 직선조 하강치위 외선조
웅감치위 처의선조 웅감지위 칠성사자 래대지
위 우직사자 래대지위 좌직사자 래대치위 명부
사자 래대치위 천장지방하사 아사진인하노니
물비소시 소원성취 신아신아 삼아삼아 도통도

덕으로 상통천문 하달지리 중찰인래 물비소시 소원성취 하옵소서 증명공덕 발원재자 주소모 갑모성명인 가중이 (원사축고) 일차공덕 발원하 오니 성조조왕 망본관가 내원협 하탈무자 고혼 객사아사등 례명영가 일체감응하소서 「각항저 방심미기 두우여허위실벽 규루위 모필취삼 정 귀유성장익진」

○ **강림주문**

천정지령하시니 천지고정하고 일월이 숭운하

니 풍운동천하고 정신이 래도하니 신령이 청정

하사 구천현녀와 태을선관이 만세상조하시니 이

거지신과 음양이 합성하야 신기령이라 감이신

이순통하야 종풍종운하고 축전축지하야 느림죽

상에 강림지적을 속히 지시하소서 약유 거령이

면 옥황상제 률령하소서 해동대한 모처거주 모

갑모성명 차자주에 소태산에 삼만육천 성조대

신어르신과 제석삼불 삼신제왕어르신과 오방오

토지신 일무신장어르신과 후토천룡지신 어르신

과 좌우조상루대종친 고조 증조 조부모 부모 남

녀노소간 통혼령과 천하백마대장신, 소거백마대
장신 신묘장구대다라니 판관대신장어르신과 종
중가모신주신 어르신과 접신되고 합신되야 합
신되고 접신되야 몸에다가 몸강주고 신에다가
신강주고 좌수에 좌강주고 우수에 우강주고 혼
과넋을 불어넣어 어리설설 내리소서 지체말고
내리소서 삼혼 칠백은 남자죽은 저기저기 저혼
령님 삼혼 구백은 여자죽은 저기저기 저혼령님
만혼 저기저기 저혼령아 남녀노소간 통혼령 검
실검실 오실적에 손발이 있어서 오시리까 불고

법사의 말문을 받아 부리같이 오실적에 산은몇을 넘었으며 물은 몇물을 건넛겠소 수로천리 육로천리 중장망애 단포자로 겸실겸실 오셨거든 대신장전에 혼과넋을 불어놓고 모세먹은 모인 모주신장에도 합신되고 접신되야 온갖 소원을 풀어주소서

○ 신장청문

환웅황제 환인황제 단군신령 산왕대신 천하영웅 관운장 섭이신장 서산대사 사명당 천상옥

경천존신장 천상옥경태을신장 상하변국 뇌성벽
력장군 백마원수대장군 뇌성벽력장군 악귀잡귀
금난장군 삼수삼계도사장군 지신벽력대장군 천
지조화풍운신장 태극두파팔문신장 육갑육정둔
갑신장 삼태칠성제대신장 이십팔숙제위신장 감
아래 성조화대령 력발산 오봉구천상시군 직속
옴 급급여률령 사바하(세번)

동서남북 사방신장 금, 목, 수, 화, 토, 오행신장
각항저방심미기 두우여허위실벽 육구목귀 자자
삼선 일월성신 장익진 이십팔수 삼십삼천 도술

천신장 옥황상제 복명사자 소거백마 대장군 복명사자 서신사명 호구별상신장 일광월광양대보살 북두칠성칠원성군 주천열요 제성군중 십이궁중태을신 삼태육성제위제불보살 옥추보종지이십사방신장 천지팔양경 팔보살 극락세계 호불신장 나무아미타불신장 관세음보살신장 문수사리보살신장 인로왕보살신장 동방에청제장군 남방에적제장군 서방에백제장군 북방에흑제장군 중앙에 황제장군 갑을병정 무기경신 임계신장 자축인묘진사오미신유술해신장 동지소한 대

한 입춘 우수경칩 춘분 청명 곡우 입하소만 망
종 하지 소서 대서 입추 처서 백로 추분 한로
상강 입동 소설 대설 이십사방 절후신장 천지
일월성신님과 재천제불보살님과 천하명산신령
님과 사해바다용왕님과 이터명당 앞터명당 앞
터당산 선왕님네 후토당산 신령님과 토주지신
조왕대신 삼만육천성조대신 일월삼신 제왕님과
선망조상 후망조상 상세선망루세종친 형제숙백
일가친척 아제삼혈 여러례명 청춘고혼 남녀혼
신 예명영가는 일체 감응하소서

16 불설도신경

○신찬양

신성대제 태을현수 어아강설 범위령극 함근
태상 혼포 일심오기정 중유달합 위몽경 전가복
룡호와 차성령수 만마함속주 태상여제군
옴 급급여률령

○구신주

복차왈 길시간천지개장 당공결좌하시고 분향
청 천지심명재천이라 등운가려 재관하시고 이

궁재전이니 설전향연은 침침이라 고로 청신하
옵건데 산신지좌하사 신다소협좌 중앙에 결
기연좌하소서 천신지역좌 남래하고 서래서좌하
시고 무사불감란청 청도차래 영수영수이 부야
라 향연속기 신통만리 유사통청전가화용호 유
차성령주 만마함속 태상여제군
옴 급급여률령(세번)

17 옥부경

육부사십사만신장 섭이신장 좌부마원수야 우

부관원수야 백마장군 수운장군 뇌공장군 율뇌

장군 임대장군 태을신장등은 갑갑갑주

옴 급급여률령

○천상신장청문

천상옥경천존신장 천상옥경태을신장 천상옥

경태상노군신장 천상태음신장 천상태양신장 사

십팔원여래신장 천상천하소거백마신장 삼천삼

계도원수 구천뇌공신장 오방뇌공신장 생사입문

변화신장 승천입지모갑신장 적화절산벽력신장

동천동지뇌공신장 삼두육미제귀신장 둔갑장신

오두장군 도설각장일마장군 황건역사팔야신장

삼십삼천귀신장 이십팔숙지귀신장 육부사십사

만신장 악귀창내벽력신장 악귀소멸풍백신장 망

량소멸뇌공신장 망괴주멸벽력신장 참요박살오

망신장 일월팔문제대신장 옥부장형벽력신장 삼

십삼천통달신장 중생구제팔양신장 우사풍백뇌

공신장 귀신착수인황신장 동방갑을청제신장 남

방병정적제신장 서방경신백제신장 북방임계흑

제신장 중앙무기황제신장 사귀소멸금위신장 천

지기동굉멸신장 풍운조화숭야신장 사해제군용
왕신장 팔도산성등사신장 귀신입문풍운장 이십
팔숙변화장 육도팔진생사장 천황신장 지황신장
동천봉미창수사자 육갑자조신장 천지요행도신
장 호주강남도신장 섭이월왕토신 육갑신장 도
신장 육을신장 육병신장 육무신장 육경신장 육
정신장 육기신장 육신신장 육임신장 육계신장
각방각도신장 각각

음 급급여률령

○ 오 방 주

동방청제대장지신래조아
남방적제대장지신래조아
서방백제대장지신래조아
북방흑제대장지신래조아
중앙황제대장지신래조아

○ 청 신 주

우우간간 우우식부 광충 금충 금충금

○ 주 문

천하영웅관운장 예막위은청천지 팔위신장 육

정육갑 육경육을 소솔제장 일별병력 사귀담당

옴 급급여률령 (세번)

○급단주

대인 대이 관성제군 (삼십팔번) … 차송대장경부록

18 불설대장경부록

○안택위목

봉청이십사룡성조대신지위   일광패

봉청오방명당후토지신지위   전래패

-382-

봉청전래좌우조상지위

나무석가모니불길존위　후토패

나무일월제석삼불존위　성조패

나무우보처일광보살지위　석존패

나무좌보처월광보살지위　삼불패

나무팔만사천조왕대신지위　월광패

소청상중불청수배사자원근불호지신지위··대문부　조왕부

○**십대왕**

제일전　진광대왕　경오　한수지옥　극락세계

제이전 초강대왕 병자 일수지옥 연화세계

제삼전 송제대왕 임오 항마지옥 화장세계

제사전 오관대장 무자 거해지옥 법화세계

제오전 염라대왕 갑오 독사지옥 만월세계

제육전 변성대왕 경자 발설지옥 숭음세계

제칠전 태산대왕 병오 혹승지옥 환희세계

제팔전 평등대왕 임자 철부지옥 무우세계

제구전 도시대왕 무오 태양지옥 무량세계

제십전 전륜대왕 갑자 풍도지옥 유리세계

○ **사자**

삼두육우도관사자 래망지혼천도 왕생극락세

계 운로통결귀사자 정토영가환생극락세계 이법

신병강철사자 서방정토극락세계 환귀촉래뇌담

사자 편청 환생극락세계 왕생정토극락세계

○ **대장신목**

아여귀상원 구악지사 악여아역 원침지사

아본천태록발옹 삼척장검재수중 작야오황엄명

하 일휘능참백괴악신지위

옴 일수도산즉 여지근 각해가족 여지호

옴 본양태음 집인자효 계두백장기일자위

○ 신 장 위 목

옴 태을진인일월신장

옴 축사이섭사만신장

옴 천상천하촉귀대장

옴 옥축사십사만신장

옴 마하호통벽력대장

옴 오방오령솔신장

옴 팔만사천제대신장

옴 일세교주석가모니불세

옴 삼태육성제대신장

옴 악귀촉래뇌공신장

옴 옥부상령멸악사자

옴 수부사해용왕신장

옴 태공소거백사신장　옴 일일참제병마대왕

옴 풍운진퇴황건력사　옴 사시열진십이신장

옴 우부관원수　옴 좌부마원수

옴 동방갑을청룡신장　옴 남방병정주작신장

옴 서방경신백호신장　옴 북방임계현무신장

옴 중앙무기구진등사신장

옴 육정육갑변화신장　옴 구주사령팔풍사자

○ 팔문위목

정월공조신장 이월태충신장 삼월천강신장 사

월태을신장 오월승광신장 육월소길신장 칠월전

송신장 팔월존귀신장 구월하괴신장 십월등명신

장 지월신유신장 랍월대길신장

각항저방심미기　　두우여허위실벽

규루위모필취삼　　정귀유성장익진

옥청상경 옥황상제 조림차택하

상제유아 주진 사귀 음람

소거백마대원수 대신장 강림지처지위

○ **태상명아 주진**

수문대장　　축귀대장지위

전후결박　축귀대장지위

동해수신하명장군　남해수신충융장군

서해수신거승장군　북해수신　강장군

좌우률령　우도벽력장군지위

도검일검정당 백만사 일휘 천지진동 상방

○태을주(광중 정신장애자를 고치는 주문)

흠치 흠치 태을천상원군 흠리치야 도래흠리

함리 함리 사바하

一, 천수경 개법장진언까지송후

二、 신묘장구대다라니 이회송

三、 모다라니 삼회송

四、 옥추경 일송후 반대로 일송

제二장 각종풀이

① 지옥풀이

경오신미임신개유 갑술을해생이 상갑인데 제일전에 진광대왕 도산지옥에 매였으니 정광여래 대원으로 이지옥을 면해가소 무자 기축 경인신묘 임진 개사생이 상갑인데 제이전에 초광대왕 호랑지옥에 매였으니 약사여래대원으로 이지옥을 면해가소 임오 개미 갑신을유 병술 정해생 이상갑인데 제삼전에 송재대왕 한빈지옥에 매였으니 현접천불 대원으로 이지옥을 면해가소 갑자 을축 병인 정묘 무진 기사생이 상갑인데

제사전에 오관대왕 금주지옥에 매였으니 아미타
불 대관으로 이지옥을 면해가소 경자 신축 임
인 개묘 갑신 을사생이 상갑인데 제오전에 염
라대왕 발설지옥에 매였으니 지장보살 대원으
로 이지옥을 면해가소 병자 정축 무인 기묘 경
진 신사생이 상갑인데 제육전에 변성대왕 독사
지옥에 매였으니 대세지보살 대원으로 이지옥
을 면해가소 갑오 을미 병신 정유 무술 기해생
이 상갑인데 제칠전에 태산대왕 철웅지옥에 매
였으니 관세음보살 대원으로 이지옥을 면해가

소 병오 정미 무신 기유 경술 신해생이 상갑인
데 제팔전에 평등대왕 거해지옥에 매였으니 노
사나불 대원으로 이지옥을 면해가소 임자 계축
갑인 을묘 병진 정사생이 상갑인데 제구전에 도
시대왕 철상지옥에 매였으니 약왕보살 대원으
로 이지옥을 면해가소 무오 기미 경신 신유 임
술 계해생이 상갑인데 제십전에 전륜대왕 혹암
지옥에 매였으니 석가여래 대원으로 이지옥을
면해가소 육십육갑 생원들이 금일제 자성심력
과 법사님의 설법으로 지장보살 대원받아 명부

지옥 면하시고 인로왕보살 인도로서 아미타불

수기받아 극락세계 상품상생 연화대로 가옵실

제 반야용선 접어타고 생사대해 건너가서 연화

대에 환생하고 나무아미타불 관세음보살

2 수생경

대성세웅 천인존 상이자심 민일제 선체일체지

도사 세간혹암작 조명 시고 아금귀명렴 유원위

아작증명 아금지송수생경 여경소설진공덕 보득

성취획자재 일체개장영소멸 나무시방주불 나무

시방상주법 나무시방상주승 나무장수왕 보살 마하살 나무연수왕 보살 마하살 나무증복수 보살마하살 나무소재상 보살 마하살 나무구고난 관세음보살 마하살 나무장인락 보살 마하살 나무장환희 보살 마하살 나무 해원결보살마하살 나무복수왕 보살 마하살 나무연수장 보살 마하살본택 용신토지 죄소멸 만택가권 죄소멸 악구랑설 죄소멸 살생해명 죄소멸 전생업원죄소멸 전생부모 죄소멸 금생부모 죄소멸 금성 목성 화성 수성 토성 태양성 태음성과 후성게 도성자

기성 월패성원 제성불조 복성장엄 사시무병 팔

절무재 직설주왈 천라주 지라주 일월황라주 일

체원가리 아신마하 반야 바라밀 원이차공덕 보

급어일체 아등여 중생개공 성불도

③ 제왕풀이

천재어차하고 지백여축하고 인생어이하고 귀생

어진하야 천지가 생겨나면 하늘은 높아지고 땅

은 낮아지면 건곤을 예로정코 혼문방귀 생겨나

서 아창사제 나신후에 천왕씨 십일형제 하늘로

사생하야 만팔천연 의정하시고 지왕씨 십이형

제 당의로 이생하야 만단천면 위한하시니 섭이

세에 위정하시고 십이각이 위안하야 천지 음양

을 정하시고 일월도주 마련하신이 태산이 평지

되고 육지가 바다되어 무중하신후에 유소씨 나

실때에 구목의조 하옵시고 삼십삼천 성조대왕

명신 나신후에 백연 안가태평 점지하고 수인씨

생기나서 고인하식 마련하고 하수씨는 구정을

내여 인간조직 마련하여 문창생인 나신후에 일

월맹세 수하고 삼황노제 어전생인 유목위내 하

-397-

읍시고 유루자 나신후에 청용황용 가려내여 춘
하추동 사시절에 일체인간 치수작농하시고 춘
추전국 시발초에 팔만사천 도제왕이 인시유수
하실적에 현조탄환 보읍시고 대인적심 혼인하
야 천지인간 마련할제 인심도 유순하고 팔만주
래국이 생긴후에 팔만사천 도제왕이 차차 내림
하야 세게로 명군하신이 도솔청궁 제일명신 본
은 번왕국이요 명은 나오씨요 삼신제왕님은 명
은 오비시요 도제왕에자는 명동왕이 십삼세천
상옥황 선여의 구혼하야 입혜 하였다가 십오세

상처하고 혼부고상 삼년후에 군토군비 도제왕
이 알으시고 지하국에 혼제살란 월광부인이 있
다 하니 거기가서 구혼하라 하시거늘 명동왕이
그말씀을 들으시고 적시여단을 봉하시고 부모
님께 하직하고 지하궁을 내려와서 예팜을 납패
하고 부인이 물을적 어떠한 손님이신데 나에집
에 들어왔나이까 명동왕이 가라사대 나도 거안
일나 삼십삼천 도제왕님에 아달 명동왕읍드니
십삼세에 대전에 입체하였다가 십오세에 상처
하고 사세가 막연하야 부인에집에 장가차로 내

왔노라 하시거늘 부인이 일러가로데 내방 면하
야 무복한냥을 구하릿가 그런말씀 말으소서 종
시허락 한뜻이 없거늘 명동왕이 가로사데 내말
을 진정치 아니하면 내 이문전에 죽어 귀신이
될찌라하고 그날밤 상경이 연단하야 대문을 위
에 높이시고 결행치사하야 죽어거늘 까막까치
우지진다 항이부인이 그말씀을 들으시고 상탕
에 목욕을 시키고 하탕에 손발씻어 두어두고 즉
시 천상왕께 기별하니 천상왕이 들으시고 즉시
대수삼철이를 들어가서 조롱왕께 감로수와 금

광초보신 화양삼기를 얻어내어 보내니 부인 받
아가지고 감로수에 몸씻으니 궁중과인이 다 진
동하드라 삼일만에 대연을 배설하고 혼사를 정
하야 이연결사 부부되니 그날밤에 꿈을꾸니 천
상에서 오색용이 품에 들어가서 몸을 희롱하여
그날 놀래깨니 천문을 살펴보니 정녕코 아들놓
을 꿈이로다 그날부터 태기있어 십삭만에 해복
하니 첫아들 낳았기에 금부왕을 봉사하고 둘째
아들 낳았기에 적부왕을 봉하시고 셋째아들 낳
아키워 백부왕을 봉하시고 넷째아들 낳아키워

두시왕을 봉하시고 다섯째아들 낳아키워 법천왕을 봉하시고 여섯째아들 낳아키워 대명왕을 봉하시고 일곱째아들 낳았기에 태산왕을 봉하시고 여덟째아들 낳았기에 진강왕을 봉하시고 아홉째아들 낳았기에 천상왕을 봉하시고 일심봉천 삼십삼천 공명종자 병도호왕 삼성금중 삼십 제왕님은 세상인간 품직마련 하옵시고 삼신제왕님은 태중 한달만에 금부제왕 차지하야 풀잎에 이슬같이 아침이면 있었다가 낮이되면 음다씨를 받아

-402-

내야 아버님께 뼈를빌고 어머님 살을빌어 품직

이 섞이시든 삼신제왕님은 인간제도 하옵소서

삼십제왕님아 태중 두달만에 적부제왕 차지하

고 오작유부 업업이 제도하고 기운혈백 삼기시

든 삼십제왕님아 인간제도하옵소서 삼신제왕님

아 태중 석달만에 백부왕이 차지하야 연접바다

좌우혈기 받아내여 유형무형 마련하시든 삼신

제왕님은 인간제도 하옵소서 삼신제왕님아 태

중 넉달만에 두시왕이 차지하야 육신수족 갖춘

혈맥 심중을 마련하시든 삼신제왕은 인간제도

하옵소서 삼신제왕님아 태중 다섯달만에 법성
왕이 차지하야 오월방금 질어들어 오장육부 대
마소마 내의심통 삼만육천 고절과 팔만사천 모
말에 끝 마련하시든 삼신제왕님은 인간제도 하
옵소서 삼신제왕님아 태중 여섯달만에 대명왕
이 차지하야 내골의 태골대줄을 더누잡아 육심
구구하목 전기남여 분간마련 하시던 삼신제왕
님은 인간 제도하옵소서 삼신제왕님아 태중 일
곱달에 태산왕이 차지하야 내장의 장 허파쓸개
간담인통 지래를 마련하시는 삼신제왕님은 인

간제도 하옵소서 산신제왕님아 태중 여덟달만
에 진광왕이 차지하여 손톱발톱 마련하시든 삼
신제왕님은 인간제도 하옵소서 삼신제왕님은
태중 아홉달만에 복득왕이 차지하야 삼백육십
사혈과 대경의 경마련하시든 삼신제왕님은 인
간제도 하옵소서 삼신제왕님아 태중 열달만에
천상왕이 차지하야 내의방우 해탈문 길창문 연
지문을 간에받아 연월일시에 탄생하시든 삼신
제왕님은 모자지성을 마련하시고 신우왕은 군
신지정을 마련하시고 태길왕은 부부지정을 마

런하시고 종기왕은 상처상별 이별지수를 마련하시고 소길왕은 각각형액 길흉지액을 마련하시고 하기왕은 연하문직을 마련하시고 평등왕은 우마에 낙마지액을 마련하시고 신광은 굳은 오백부귀영화 부덕구족을 마련하시고 대질왕은 짜른목숨 이전하여 수명장원 마련하시든 삼신제왕님아 인간제도 하옵소서 그제야 팔만사천 도제왕이 그림병풍 둘러치고 아들아기 모셔놓고 해산한 초칠만에 수근철장 둘러잡고 그문전에 집고서서 왼손에 금책들고 오른손에 금부를 들고 그가정에 여부정한 일을 낱낱이 기록하여 석가세존님과 삼십삼천 제일명도 군을 가실적에 일락서산 가옵시고 일출동방 해를받아 매화부인 집에다 달아 제자리를 추심하시니 매화부인 물어가로되 어떠한 손님이건데 나의집에 오셨나이까 제왕이 가로되 삼십삼천 제일명도 궁에 금병존자 호왕의마달 제왕님 일년이 세상인간에 자입출입가셨다 일락서산 해지옵기로 자리를 벌어왔나이다 부인이 금번에 그말을 들으시고 방에 들어가서 잠간 꿈을꾸니 일월성신이

복상의 맞차보고 그날 깨달아서 좌우를 살
펴보니 혼미중에 기운이 아두하야 해림바다 왼
짝외로 지우리니 아들애기 점지하고 그제야의
도 삼배하고 삼십삼천 제일명도 궁에 가실적에
동자보살 모시고 문수보살 모셔와 석가 세존님
전의 세워시고 관세음보살 보약주를 받으시고
대비한 바다를 건너갈제 사가라 용왕이 보옵시
고 고하된 서년은 무사태평 하옵기로니와 금년
아달 애기살신을 풀어줄까 천만번 바래나이다
제왕님이 가로사데 제석궁에 복을빌어 일곱칠

성님전 명을타고 산란시열에 택을빌고 세상인
심이 따랐다가 아들애기 점지하니 통시나무를
때어 첫밥하여 주시거늘 글로하야 부정하다 이
십년만에 거리객사 점지하고 또한곳에 다달아
서 아들애기 점지하니 유골구골 석어 첫밥하여
주시거늘 글로하여 부정하다 이십오년만에 호
석하기 점지하고 또한곳에 다달아서 아들애기
점지하니 수침나무 때여 첫밥하여 주시거늘 글
로하여 부정하니 십오년만에 물에 빠져 죽어라
고 점지하고 세상인간 사람들이 정신이 부족하

면 화액을 주나니라 살피시고 정신은 살피소서

보가보살 제왕신 대명보살 제왕신

왕신명강보살 제왕신 일광보살 제왕신

월광보살 제왕신 삼천보살 제왕신

대명보살 제왕신 문수보살 제왕신

관음보살 제왕신 대세지보살 제왕신

지장보살 제왕신 두근보살 제왕신

삼신궁보살 제왕신 명동궁보살 제왕신

제석궁보살 제왕신 나으궁보살 제왕신

어비궁보살 제왕신 은금대보살 제왕신

오비시보살 제왕신 희양궁보살 제왕신

금금대살보살 제왕신 포태궁보살 제왕신

양대궁보살 제왕신 궁동보살 제왕신

수태궁보살 제왕신 남자보살 제왕신

여자보살 제왕신 금명주덕보살 제왕신

제일금부왕보살 제왕신 제이적부왕보살 제왕신

제삼백부왕보살 제왕신 제사두이왕보살 제왕신

제오변성왕보살 제왕신 제육대명왕보살 제왕신

제칠태산왕보살 제왕신 제팔진광왕보살 제왕신

제구북두왕보살 제왕신 제십천상왕보살 제왕신

연접받은 제왕신 오장육부받드신 제왕신 팔만

사천모발 받드시던 제왕신 입문받드신 제왕신

하무받은 제왕신 연접주시던 제왕신 안접주시

던 제왕신 부전주시던 제왕신 동도칠성 제왕신

남도칠성 제왕신 북도칠성 제왕신

삼태육성 제왕신 이십팔숙 제왕신

탐낭거문 제왕신 이십성신 제왕신

염정무곡 제왕신 팔군대성 제왕신

한이보행 하옵소서

삼재풀이

④ 불설삼재경

※ 삼재입년독송 즉소재대길 삼재드는해 정월망일에 식상에 밥 세 그릇에 상의 한벌과 백미 한말과 백지 한권과 부적 한장을 소화하고 삼재경을 일곱번 독송하면 재앙은 물러가고 만사대길하리라

나무천관조신 모생 모성명 삼재일시소멸

나무지관조신 모생 모성명 삼재일시소멸

나무수관조신 모생 모성명 삼재일시소멸

나무화관조신 모생 모성명 삼재일시소멸

나무연관조신 모생 모성명 삼재일시소멸

나무월관조신　모생　모성명　삼재일시소멸

나무일관조신　모생　모성명　삼재일시소멸

나무시관조신　모생　모성명　삼재일시소멸

나무 천지 수화 년월일시 관조신 모생　모성명

삼재일시소멸 옴 급급여률령 사바하

○ 무방수주

천지개허공 제신주허공 출래무남북　하처유동

서　옴 급급여률령 사바하

주지일월 주지일천 주지일만 천지주야상륜고

주 신수기위 무정기소

옴 급급여률령 사바하

⑤ 금신칠살경

나무범왕궁칠살신 나무제석궁칠살신 나무태
신칠살신 나무세파신칠살신 나무동방청제룡왕
칠살신 나무남방적제용왕칠살신 나무서방백
제용왕칠살신 나무북방흑제용왕칠살신 나무중
앙황제용왕칠살신 나무이십팔숙칠살신 나무삼
십삼천칠살신 나무금신칠살신 나무목신칠살신

나무수신칠살신 나무화신칠살신 나무토신칠살

신 나무석석칠살신 나무섭이토공칠살신 나무오

귀칠살신 나무육십관신칠살신 나무천칠살사바

하 나무지칠살사바하

6 도액경

여시아문 일시불 설구호신명 제인질병 고액

경 호케합장 일심제환 중악소멸

갑자장군 생아 해제 연성지액 칠천불 소호인신

원득성취 일심제악병 갑술장군 종아해제 유성

지액 칠천불 구호 인신체중 제환각화 갑신장군

양아해제 적서지액 칠천불 구호 인신환귀 삼혼

칠백 갑오장군 여아 해제 천라지액 칠천불 보

호인신 연년익수 이백이십세 갑진장군 부아 해

제 지망지액 칠천불 위호인신 명액도탈 갑인장

군 위아 해제 관부 뇌옥지액 칠천불 수호인신

영기가쇄 자해 육십갑자 종불하생 위아도제 혹

입천문 혹입지호 혹입천라 혹입지망 명궁산진

년액 월액 일액 시액 현관비횡지액 고진과숙지

액 천강공망지액 연명입묘지액 둔갑대소 금루

지액 선행 보행지액 택중모실지액 혹입사묘 공

상주저 영백괴지액 혹피산도 육축 작어백괴 금

일길시 귀의제불 앙빙삼보 위신지력 염제 범부

발제중생 연어성명 유원 명사 육식 칠라 팔왕

천라 지부 동환희심 위제자 모갑 개천문 폐지

호 주생년 제사부 불고 법사 위일체 인민 재액

상전 전경 참회 재액도탈 관사선안태생지시 무

애번뇌 영제천재 멸진중마 최복 만괴 구소 암

중광명 패중득성 옥중득출 병중득차 종사득생

일체도달 일태일생 전제단수 회작명장 연등백

기복축원문 (각종 기도시에도 널리 쓰이는 경문)

7 일체사주 부정살풀이

겹살 재살 천지살은 천상 옥황상제지이 소재이요 년월일시 백마살은 천지신명 일월 성신의 소재이요 자손질병 우환살은 삼신제왕 소재이요 사업끝에 실패살은 성주대신 소재이요 악귀잡신 출입살은 조왕대신 소재이요. 관재구설 삼

재팔난살은 터주판관 소재이요 식구생명병살은

신장님의 소재이요

이살을 막아낼재 겁살 재살 천살 지살 년살

월살 일살 시살 대소흉악살 환과고독사궁살 내

외간에무자살 상고흥이 해패살 농사지어 식물

살 사업끝에 실패살 형충극해 육해살 삼악노모

도화살 일백이혹락휴살 천지살 호해살 락마살

오귀살 삼재팔난살 년월일시 백마살 춘하추동

사시살 상문조객 휴증살 사계천살 황혼살 음양

살 지옥살 천옥살 지옥수붐살 포태양생 모육살

이주출입방위살 혼인장사 주당살 신자진생 삼
재살 해묘미생 초년살 인오술생 이년살 사유축
생 삼년살 전생후생 죄악살 고초단목 왕목살 선
천후천 감지살 일락월출 부모살 골육동기 형제
살백년해로 천관살 부부유별 원진살 슬하자손
지폐살 남여초혼 음양살 노비아동 홍망살 순공
노공 지공살 잡홍란 구마살 처부저철 허용살 용
지금각 타사살 막토역사 청룡살 조모장군 주저
살 비염해선 병부살 육십사괘 유혼살 사주팔자
귀혼살 년월생시 부정살 일일이일 동방살 삼일

사일 남방살 오일육일 서방살 칠일팔일 북방살 구십일 중앙살 우루루툭탁 벽력살 땅에는 지주살 고개마다 선왕살 십이삼당 삼승살 천리강남 손님살 자손질병 우환살 천만위의 관재살 진조 포백 적두살 음식왕래에 들은살은 원정지방으로 영소영별하고 불감불해하고 안과태평 점지할재 오는재앙 막아내고 가는재해 몰아내고 오는복 받아들이고 가는복 휘여잡아 일일소제 황금출이요 시시개문 만복래라 적은복은 보태시고 많은복을 설여담아 천하부자 석숭이는 오복으로 점지할제 물복은 흘러들고 소내기복은 딸아들고 바람복은 날아들고 구름 복은 휘여들어 인엽은 서서들고 돼지엽은 걸어들어 긴엽은 서려들고 두꺼비엽은 엎어들고 쪽재비엽은 뛰여들어 장사방도 받아 영업발 받아주고 사업발 받아주고 먹을전 부러주고 먹고남고 쓰고남고 앞노적에는 꽃이피고 천년지덕을 눌러주고 뒷로적에는 꽃이피여 만사안택을 눌러주고 남양초당에 걸터앉아 태평성대 일삼기로 점지할제 도신경으로 발원이오.

8 대장경축원문

복원 천복지재하니 덕막대은이요, 신령은 인귀하니 도막중은이라 인유질병 액란이면 호천구생하고 귀신도산은 인지상정이라 지성이면 감천이요, 극축이면 감신이라 신령은 명지하소서 천지음양은 여류순수하고 남녀생사는 시유길흉하나니 역지즉 흉하고 순지즉 길하고 길자는 효하고 흉자는 망인이라 자고로 대성현도 기천도산하야 소원성취 하여있고 영수천복은 변

화지도로다 인세미약하야 귀신이 강악하고 귀
신이 포악하고 귀신이 거악하고 인다질병 하고
인다흉횡사하야 인다요사하고 인다조사하고 인
다괴병하고 인다와병하야 무수하옵고 부귀자빈
천하고 장수자 단명하고 무병자 와병하고 유복
자 무복인야라 고로 한명제시에 석가여래께서
탄생하야 서천서역국의 사십팔불 무애보살님이
전하시던 팔만대장경을 이루시여 억조창생 만
인간을 구제중생할제 지병지액과 천살 만액을
일시에 소재소멸 하시여 암중광명 병중득차 액

중득안 폐중득성 사중구생 절처봉생 하올적에 불법이 어찌 무령하며 신도가 어찌 무령하오며 석가여래 지도가 어찌 무령타하오릿까? 각도 각읍면 가가호호마다 약무독송 차경이면 하로서 유를제살 제액하오며 하로서 소원성취 하오릿까? (사바세계 해동대한민국 모주소 건곤양주생 갑성명) 양주부처 이성지합하야 혼인배필을 이룬후에 만복지원으로 생남생녀하고 상봉부모 하룬자손하고 이터전 명당인데 육축번영하고 자손창성하고 백자천손으로 부자자효하고

남충여정하고 헌공제순하여 부부화목하고 친이
족친하며 소원성취 하게하시고 근근히 자생 하
야 가내홍령신하고 향여성상하야 일신신수 토
결한즉(소원사 우는 신수재운액난운운) 하옵기
로 법사의 분부받아 그액을 면하려고 차기지제
에 명산대천 조왕 당산 오방후토 가내가신 십
이정령 전에 지성으로 목욕재계하고 정성으로
발원하면 기도덕택이 완연하리라 믿사옵고 지
극지성 택일할제 일상생기 이중천의 삼하절체
사중유혼 오중화해 육중복덕 칠하절체 팔중귀

혼 지중에서 건명대주 생기일과 곤명가모 복덕
일과 자손의 만당일 천상의 수복일 지하의 안
정일 인간의 오복일 천덕 년덕 월덕 일덕 시덕
천지합덕 상상길일로 소원성취일을 가려내여
(유세차 모년월일)로 일문권속이 세소문정하고
등촉광명 오방오용수를 길러다가 상탕에 두발
목욕 하탕에 수족세수하고 전조단발 신영백제
로 상탕에 메를짓고 찬수정하야 정한수를 받쳐
놓고 여차정성 발원하오니 열위 존령님은 하강
래임 하소서 상신은 상위현정하시고 중신은 중

위형지하시고 하신은 하위형지하시고 순찰가중 하시고 속찰권속하시여, 일문권속등을 각각입은 재액과 재살재앙을 소재소멸 하옵소서 천만재 액이라도 막아낼제 천액지액 년액 월액일액 시 액 현관비횡액 고신과숙지액 년명입묘지액 인 명수화지액 택중모실지액 둔갑대소금루지액 선 행주행 객사지액 병환신음지액 삼재팔난지액 관재구설지액을 일시속히 소재소멸 하옵시고오 는 액수를 소멸하소실제 천살 지살 년살 월살 일살 시살이라도 막아낼제 천만백해라도 막아내고 오행육합살 중천살 황천살 안환살 관문살 독패살 방해살 멸문살 대화살 빈천살 극부살 옥녀살 단독살 천라 지망살 천궁살 지궁살 년관 월관 일관 시관살 비명살 유자무자살이며 탐랑거문객신살 삼벽사록객신살 오황육백객신살 칠적팔백객신살 구자지신객신살 산에올라 산신살들로가면 야외살 물로가면 용왕살 길로가면 횡사살 초상장사 곡성살 혼인왕래 주당살 재물왕래 동토살 우마계구 왕래살 백물동토살 부부간에 불합살 내외간에 공방살 자손궁에 칠패살 친

구간에 시비살 형제간에 의의살이라도 제거제
살 하시고 가내일문 권속등은 가가호호 동서남
북 사면팔방 두루다녀도 관재구설 실물수 손재
수 봉패수 도적수며 재해지액 작해지액을 막아
내며 제거하고 신수대통 재수대통 사통오달로
점지하시고 입춘대길 건양다경 하시고 상방하
방은 웅천상지 삼광으로 비인간 지오복으로 주
옵시고 당상부모 천년수로 강영주시고 슬하자
손 만세 영귀하시고 천증세월인증수요 춘만건
곤복만가라 남향초당에 밭을갈고 만종록을 점

지하야 남창북창에 쌓인곡식 오곡이 증증하고

백과가 진진하야 재물이 영영하고 먹고남고 쓰

고남고 여산여수 용지취지 무궁용지 대대전손

은혜공덕 베푸러서 만대유전 하옵소서 차경법사

모성인도 원근을 불문하고 차가정에 왕임하여

심야삼경 불침으로 대주가모 대신하야 허다한

축원으로 구불절송 독송하며 지극정성 드리오니

환희감수하옵소서

9 불설명당경

불설명당신주경 안토지신명당경 여시아문일시불

천황대제수명장 지황대제증복수 인황대제액소제

대범천황오액멸 제석천황관재멸 조왕대제무량복

동방태호복희씨 남방염제신농씨 서방소호금천씨

북방전옥고양씨 중앙황제헌원씨 동방세성안심지

남방화성멸화지 서방금성복위지 북방수성녹위지

중앙지성장엄지 계도나후별경지 일성월성애호지

탐랑거문창자손 녹존문곡홍인구 염정무곡성소원

파군대성만여의 칠성구요강림호 이십팔숙환희지

일백이혹만세지 삼벽사록의복지 오황육백천재멸

칠적팔백진재물 구자지신득우마 오방장군복록지

팔부금강수호지 사해용왕보위지 오악산왕조가호

금귀대덕칠보지 옥당현무수명장 청룡백호득기린

사명주작현인봉 명당구진복덕지 천뢰천형악퇴산

공조태충의복지 천강태을만창고 숭광소길입전지

전송종괴입금은 천괴정명만복진 신후대길입재물

은현신왕상수호 부동안좌금강지 여시여시우여시

천세천세천세 만세만세만세 부귀부귀증부귀

즉설주왈 천라주지라주일월황라주 일체원가이아

신 마하반야바라밀

옴 급급여률령 사바하

의하리라。 매월 초하루와 보름날에 정의관 한후 분향하고 세번 독송하면 만사 여

10 불설안택신주경

여시아문일시불 주사위국 기수급 고독원 여
천이백오십비구 개아라한 제루이진 신심청정
육통무애기명왈 대지사리불 마하목건련 마하가
섭 마하가전연 수보리등 부유제대보살 마하살
팔천인구 문수사리보살 도사보살 허공장보살
관세음보살 구탈보살 여시등보살마하살 위덕자
재 부유비구 비구니 우바새 우바이 천룡 야차

팔부 귀신 공상위요 설미묘법 시유 이거장자

자 오십인구 신분진토 회우수척 유여유인 생실

부모 소애처자 내지불소 두면례족 각주일면 불

언 자종 아육왕 토불이래 일체토지 산하수목 진

중신 약문중신 약정중신 약호중신 약조중신 여

개속불 불언 약해중신 약하중신 약정중신 약도

시팔신 위인작화환 불고 아난 모갑 입택 약중

불안 종의유의 편치괘애 당설여시 안택지경 길

무불리 노출정중 연등소향 예시방불 장케차수

백불언 위모갑 안택 청복 영원 대성보안 유조

무궁 시고 귀명참회 시방 당청정 일야 나무불
나무법 나무비구승 제천룡 귀신 각각명청 금일
소향연등 노출정중 예배제불 참회 시방안택 결
원 복우 제신 아지존경 반야바라밀 위신세력 천
지시방 세월 겁살 사시오행 육갑 금기 십이지
신 청룡 백호 주작 현무 토부장군 복룡지등 택
중수신 문리호백 정조 정령 당상 방중 혼변지
신 중정역사 가왕 부모 택전택후 택좌택우 사
중팔신중팔신 신자신녀 인택형성 기명부착 각
안소재 부득망동 모갑 홍공 입택 안거옥사 당

우 천도탕탕 주선광원 양양무제 무소쾌애 모갑

작 남유북당 동서지상 대애 창고육축지란 급여

천정 입조 간토 동장 치호문호 종의소작 부득

망간 소향 연등 노출정중 독경행도 안온택중무

유흥환 화해소멸 재괴불생 천부지재 내외길상

사방익 응운유행 천지자연 언무불창 포홍다용

무기무위 인신순종 불상요흘 일월개선 성숙역선

사시역안 오행역안 인민역안 소재역선 무한 각

각자선 각각자안 부득상해 부득망간 간불제자

두파작칠분 제불해석 심의개명 종시결원 선여

11 불설동토경

나무제불태세동토신

나무태세동방청제장군동토신

나무태세남방적제장군동토신

나무태세서방백제장군동토신

나무태세북방흑제장군동토신

나무태세중앙황제장군동토신

나무태세갑자장군동토신

나무태세갑술장군동토신

나무태세갑신장군동토신

나무태세갑오장군동토신

나무태세갑진장군동토신

나무태세갑인장군동토신

나무태세자지축지장군동토신

나무태세인지묘지장군동토신

나무태세진지사지장군동토신

나무태세오지미지장군동토신

나무태세신지유지장군동토신

나무태세술지해지장군동토신

나무태세궁음생임장군동토신

나무태세상음생임장군동토신

나무태세각음생임장군동토신

나무태세치음생임장군동토신

나무태세우음생임장군동토신

나무태세자축방생임장군동토신

나무태세인묘방생임장군동토신

나무태세진사방생임장군동토신

나무태세오미방생임동토신장군

나무태세신유방생임장군동토신

나무태세술해방생임장군동토신

나무태세동방청제부인동토신

나무태세남방적제부인동토신

나무태세서방백제부인동토신

나무태세북방흑제부인동토신

나무태세중앙황제부인동토신

나무태세상계조왕동토신

나무태세중계조왕동토신

나무태세하계조왕동토신

나무태세삼십육조왕동토신

나무태세우병마병대질병동토신

나무태세동산동토신

나무태세남산동토신

나무태세서산동토신

나무태세북산동토신

나무태세동천동토신

나무태세남천동토신

나무태세서천동토신

나무태세북천동토신

나무태세동정동토신

나무태세남정동토신

나무태세서정동토신

나무태세북정동토신

나무태세동방대살동토신

나무태세남방대살동토신

나무태세서방대살동토신

나무태세북방대살동토신

나무태세중앙대살동토신

나무태세연년시기동토신

나무태세시시시기동토신

나무태세환희시기동토신

나무태세 가내일문 권속노비 무병장수 안

과 길상 마하반야바라밀

12 오작경

오작유소 의충유실 황차인간 기무수조 목석

동토호 태세대장군 불의재방 급급순리방 이사

의당사 옴 급급여률령 사바하

13 불설단목경

범왕제석단목신

귀자모신단목신

패산귀신단목신

비사문천왕단목신

대장군신단목신

세형세살단목신

황번표미단목신

대애창고단목신

염라대왕단목신

오도장군단목신

견뇌지신단목신

제두뇌탁천왕단목신

태세세파단목신

문호정조단목신

정중복룡단목신

형혹화성단목신

세성화성단목신

태백화성단목신

일백이혹단목신

오황육백단목신

구자일유단목신

불설천지단목신

진성화성단목신

중앙진성단목신

삼벽사록단목신

칠적팔백단목신

일체제수단목신

일체제신단목신

불순불교 고뇌중생 일체제신 두파작칠분 여

아이수지 옴 급급여률령 사바하

14 육갑 염불풀이

갑자을축해중금은　금생남여원혼이야

망망창해황금되여　금생여수화해로다

금옥같이중한일신　인간일월적막하다

가련하다세상인심　어찌아니한심할까

우리같은초로인생　이세상에생겨나서

유수같이빠른세월　부디허송하지마소

병인정묘로중화는　화생남여원혼이야

도상천변타는불에　무주고혼분별할가

거리중천떠다니면 야월공산두견같이

주야장천슬피우니 원혼맺힌한이되여

울울풍풍세우중에 애월공상처량하다

구천애가사모치니 극락천도하여주소

무진기사대림목은 목생남여원혼이야

도원도리섯는수풀 곳곳마다푸르도다

울울창창잎화초에 추월삼광처량하다

설중맹화동대추는 홀로춘색자랑하다

백설한풍찬바람에 일심고독슬픈벗은

홀로춘색간곳없고 슬픈한숨뿐이로다

경오신미노방토는
도로변에묻힌무덤
슬프도다죽음이야
겨름자체슬픈소리
북망산에누운혼이
어느친구날찾으면
임신계유금봉금은
말이전장죽은혼이
억만장졸창금아래
부귀영화못해보고

토생남여원혼이야
어느행인금할손가
어느누가날찾을고
가련하다혼백이야
주야장천누어있고
백골인들온전할까
금생남여원혼이야
충효보행누가하리
객사고혼가련하다
고향산천하직하여

만리전장나왔다가

불쌍하다객사고혼

갑술을해산두화는

일신장군사자되여

봉면사신몸이되여

국가사를생각하니

일월같이맑은마음

일심으로충성한들

병자정축간하수는

벽해수라깊은물에

어느시절돌아올까

돌아올길적막하다

화생남여원혼이야

봉화불을어이하리

일편단심먹은마음

일야화강뿐이로다

국가사를생각하니

사후공명뿐이로다

수생남여원혼이야

보국충신원혼되어

초패왕에고집으로

만경창파깊은물에

구련같은충성으로

사후원혼분명하니

무인기묘성두토는

일락서산저문날에

무주공산적막한데

푸른청송울을삼고

야월공산두견새는

슬픈마음자아내니

구련말씀아니들고

수중고혼되였으니

사후에 모셔 온들

그도또한원혼이라

토생남여원혼이야

일원곡성처량하다

토석으로봉분하고

주야장천누운혼이

자우편에슬피울어

혼백인들온전할까

경진신사백락금은 금생남여원혼이야

백락에도설운몸이 병환단사죽단말가

금의환향돌아온들 어느처자반겨하리

한가고도외론혼이 일가친척없었으니

사후에도누가있어 사후봉사누가하리

금열인들누가할고 가련하기청량없다

임오계미양류목은 목생남여원혼이야

춘풍세후눈물바다 실실이도맺었으니

녹음방초승화시는 시내강변푸르도다

양유청청푸른나무 청처지고느런버들

모진강풍불때마다

질거할재누있으리

갑신을유정중수는

우물아래어변같이

감로수야흐른물은

가련하다원혼눈물

칠백리에흐른강은

가련하다원혼이야

병술정해옥상토는

성주대신분부후에

너울너울춤을춘다

악사고혼한심하다

수생남여원혼이야

이내소식적막하다

주야장천흘러가고

유수같이슬프도다

쉴새없이흘러가고

돌아올길적막하고

토생남녀원혼이야

우로지택되였으니

대각소각지어놓고　어느곳을가셨는고
부귀빈천한탄마소　홍진비래고진감래
남여간에있거마는　가련하다금일망영
원혼단사서른말을　어느시절푸러낼고
무자기축벽역화는　화생남여원혼이야
번개같이빠른세월　이팔청춘더욱설다
무정하다세월이야　소연행락잠시로다
주야없이재촉하야　홍안백발재촉하여
우래소래엄장한데　청춘단사죽은혼이
방공중에눕피혀서　오면가면슬피운다

경인신묘송백목은

청송록주아니어든

녹음방초승화시는

이팔남여병이들어

청춘단사혼이되어

구천에 사모치니

임신계사장유수는

영청수라흐른물은

다시오기어려운데

어느세상돌아올고

옥생남여원혼이야

백설한풍어찌하리

추월삼강슬프도다

이약치성성이없고

슬프고도애원곡성

절개조차자랑마소

수생남여원혼이야

주야없이흘러가면

인생한번돌아가면

유수같이빠른세월

청춘세월늙어지니
가련하다세상사가
갑오을미사중금은
백사장에묻힌금이
십이사장고혼되어
초한시절초패왕도
역마등에창금이라
고집불통못면하고
병신정유산화화는
상하고혼저문날에

유수같이슬프도다
물결같이늙어간다
금생남여원혼이야
어느세상다시나리
오강물을못건너서
사장고혼넋이되어
사장백골가련하다
화생남여원혼이야
일심고독가련하다

노소간에죽은혼이 기명황천돌아가면

걸음걸음슬픈소리 도로상에사모친들

일평생에먹은마음 생전한을못풀거든

사후황천돌아간들 사후원한누가푸리

무술기해평지목은 목생남여원혼이야

도로행중정자밑에 홀로섰는저고혼아

부모처자어디두고 무주고혼된다말가

당상에도늙은부모 무심하게하직하고

슬하에도처자권속 애원으로이별하고

세상사를생각하니 허망하게되었도다

경자신축벽상토는
토석으로지은집이
북망산천돌아가서
좌우석벽울을삼고
이내백골진토된들
고혼홀로간곳없고
임인계묘급박금은
금옥으로지은집이
어느곳을가셨는고
금의채단대들우에

토생남여원혼이야
분벽사창간곳없고
토석으로봉분하고
홀로누운저고혼아
어느처자생각하리
나의백골진토된다
금생남여원혼이야
분역사창간곳없고
움도없고싹도없다
둥그렇게높이실고

북망산천돌아갈제
어화넘차소리하면
갑진을사복등화는
추원춘풍두견새는
홀로앉아슬피우니
등잔아래앉은과수
주야장천홀로앉어
화촉동방못잊어서
병오정미천화수는
천상에라은하수는

좌우편에상두군이
영결종천떠나간다
화생남여원혼이야
공산야월달밝은데
어찌아니처량할까
백연동락이별하고
쉬는것이한숨이라
잠들길이전혀없다
수생남여원혼이야
청천강에푸러있고

칠월이라칠석일에 천리은하오작교에
일연일도건너가서 견우직녀상봉하야
망단선화다못하고 무심하게이별할제
좌우손길부여잡고 흐르나니눈물이라
무신기유대륙토는 토생남여원혼이야
태산이라평지목은 시내방천되였으니
천년만년견딜소냐 가련하다청춘고혼
골수에도맺힌원이 천년만년원혼되어
풀어낼길막연하다 금석같이먹은마음
백년해로못해보고 북망산천돌아가네

경술신해채천금은
봉황에도맺은맹세
수이오마가신남군
좌우친척건구하야
금봉채에옥지환아
일편단심먹은마음
임자계축상자목은
무상같이높이올라
잎잎이도근심이요
독수공방않았으니

금색남여원혼이야
해로평생바랐더니
일조강남간절하다
개가시집건설하면
보기싫다오지마라
군곤하다변할소냐
목생남여원혼이야
가지마다살피보니
자롱이가어디두고
당상에도늙은부모

슬하에어린자식
고생하기무삼일고

사후생전생각하니
생사불명가련하다

갑인을묘대계수는
수생남여원혼이야

구곡간장썩은눈물
두눈에서솟아올라

녹원홍수병이되여
골수에도깊이들어

살아날길전혀없다
이세상을하직하고

생사불명돌아가니
어지간히한심하리

세상천지사람들아
장수혼수가련하다

병진정사사중토는
토생남녀원혼이야

나의백골진토되니
황천길이적막하다

가련하고불쌍하다
처자권속어진마음
어찌아니망극하리
사자따라가는길이
무오기미천상화은
천상운거장류수는
세상사를생각하니
만리장성원경지어
여보여러동포들아
어느곳을가셨나요

단사고혼처량하다
황천길을열어주니
인도환생시켜주니
극락세계분명하다
화생남여원혼이야
옥경으로솟아있고
허망하기되였도다
옥황님전등자가리
우리인생죽어지면
갈곳이나일러주소

경신신유석유목은
옥창에도심은석유
홍도벽도불은꽃은
남원도원락화되여
도원도리편지추라
어느시절돌아오리
임술계해대해수는
가련하고불쌍하다
만경창파깊은물에
양둣대를높이달아

목생남여원혼이야
화란춘성되였으니
락화점점눈물이라
방초설설근심이라
시호시호부재로다
생사불망돌아가네
수생남여원혼이야
이세상이원수로다
일엽편주모아타고
사해팔방다니다가

이세상을 하직하고 영결종천돌아가네

소식조차 돈절하고 허망하게되였도다

영가영가 금일영가 육십육갑매인원을

저저이도다 풀어서 왕생극락가옵소서

나무아미타불(계속할것)

15 무상계

부문상계자 입열반지 요문월고해 지자항시고

일체제불 인차계고이 입열반 일체중생인 차계

고이도고해모령여 금일형탈근진령식 독노수불

무상정계 하행여야 모령겁화 통연대천 구괴수

미거해 마멸무여 하황차신 생노병사 우비고내

능여 원위모령 발모조치 피육근골수뇌 구색개

귀어지타 체농혈진액 연말담누 정기대소변리

개귀어수난 귀기화동 전귀풍사대각이 금일망신

당재하처 모령사대 허가비가 애석여종 무시이

래지우 금일무명연행 행연식식연 명색 명색연

육입육 입연촉촉 연수수연 애애연 취취연 유유

연 생생연 노사우비 고뇌무명멸즉 행멸행멸즉

식멸식멸즉 명색멸명색멸즉 육입멸육입멸즉 촉

멸촉멸즉 수멸수멸즉 애멸애멸즉 취멸취멸즉

유멸유멸즉 생멸생멸즉 노사우비고 뇌멸제법종
본래 상자적멸 상불자행 도이래세 득작불 제행
무상 시생멸법 생멸멸이적멸 위락귀의불타 귀
의달마귀의승가계 나무과거보승여래 응공정변
지명행족 선서세간해무상사 조어장부 천인사불
세존 모령탈각오음 각루자영 식독로수불무상정
계기불 쾌재쾌재 천당불찰수념왕생 쾌활쾌활서
래조의 최당당자정기심성 본향묘체담연무 처소
산하대 지현진관

16 법성계

법성원융 무이상   무명무상 절일체

제법부동 본래적   진성심심 극미묘

중지소지 비여경   일중일체 다즉일

불수자성 수연성   일미진중 함시방

일적일체 다즉일   무량원겁 즉일념

일체진중 역여시   구세십세 호상즉

일념즉시 무량겁   초발심시 변정각

잉불잡난 결벽성

생사열반 상공화 이사명연 무분별

십불보현 대인경 능인해인 삼매중

번출여의 부시의 우보익생 만허공

중생수기 득리익 시고행자 환본제

파식망상 필부득 무연선교 착여의

귀가수분 득자량 이다라니 무진보

장엄법계 실보전 궁좌실제 중도상

구래부동 명위불 구래부동 명위법

구래부동 명위승 (세번)

-470-

17 관음시식

○ 거불

나무원통교주 관세음보살

나무극락도사아미타불 나무도량교주관세음보살

나무좌우보처양대보살 나무발고여락관세음보살

나무접인망령대성인로왕 보살

○ 진령삼하

거사바세계 남섬부주 해동 대한민국 모처모사

청정수 월도량 원아금차지의성심(四九일진 혹 년일기진)

위천설 향단전봉청제자(모거주 모인) 복위소천(망모 본

관후인모인) 영가복위 상세선망 조고조비 광겁부모

다생사장루 세종친제형숙 백자매질손 오선육친

원 근친척 일체권속등 각열위영가 차사최초창

건 이래지어 중건중수 조불조탑 불량등 촉내지

불전내외 일용 범제집물 화주시주 도감별좌 조

연양공 사사시주 대소결연등 각열명영가 차사

도량내외 동상동하 유주무주 일체애혼 제불자

등각 열명영가 유아 대한민국 일체사변 동란당

시 육해공군 위국절사 충의창졸 도병손명 기한

동유 구종횡사 형헌이 종언난의 이사비명 액사

간토 굴지족 답마멸범 동손상함 원포함 위산위

수 수륙공계 산하지기 일월성신 육상고혼 만경

창파 승선월항 파선함몰 해중고혼 첩첩산중 폭

포락사 호랑액 사자 살참사거로 중객사 고혼허

공배회중은 중신일체고혼 등중내지 철위산간 오

무간지옥 일일일야 만사만생수고함 영등중각 열

명영가 영원담적무 고무금묘체원 명하생하사

편시석가세존 마갈엄관 지시절달마대 사소림면

벽 지가풍소이 이련 하측곽시쌍부 총영도중추

휴척이 제불자환히 득담적원 명저일구 마부앙

은 현현시청 명력력 약야회득 돈중법신 영멸기

허 기혹미연 숭불신력장법 가지부차향 연수아

묘 공중오무생

○ **진령게**

원숭삼보력가지 금일금시 래부회

이차진령 신소청 명도귀계 보문지

○ **착어**

지광조처 연화출 혜안관시지옥공 우황대비 신

주력 중생성불찰라 중천수사호랑액 사자 살참

사거리로 중객사 일편위고혼 지심제청 지심제

수(신묘장구대다라니의 천수 하고) 약인욕지삼세 일체불응관법

계성
　○일체유심조

파지욕 진언 옴가라제야 사바하
해원결 진언 옴삼다라가닥 사바하
보소청 진언 나무보보제리 가리다리 다타 아다
야 나무상주 시방불 나무상주 시방법 나무상주
시방승 나무대자 대비구고 관세음보살 나무대
방광불 화엄경
　○증명청

나무일심봉청 수경천충지보계 신쾌백복 지화만

도청훈 어극락계 증인망령 향벽연대반 대성인

로왕 보살 마하살 유원자 비강림도량 증명공덕

○ 가영

수인온덕 용신회 　　염불간경 업장소

여시성현 래접인 　　정전고보 상금교

고아일심 귀명정례

○ 헌좌진언

표보리좌 승장엄 　　제불사 이성정각

아금헌좌 역여시 　　자타일시 성불도

옴바아라 미라야 사바하

○ 다 게

금장감노다 봉헌증명전

감찰건간심 원수애납수

○ 고혼청

일심봉청 실상리명 법신무적 종연은현약 경상

지유무수업 승침여정 륜지고하표변 막측환내

하난원아 금차위 천재자모인 복위모인 영가

숭불위광 례예향단 수첨법 공향연청

○ 가 영

삼혼묘묘 귀하처 칠백망망 거원향 금일진령신

소청 원부명양 대도량 제불자등 각열위 영가상

래 성불섭수 장법가지 기무수계 이임연 원획소

요 이취좌하유 안좌지계대중 수원후화 아금의

교설화연 종종진수 열좌전 대소의 위차제좌 전

심제청년 금언

○**수위안언진언**

옴마니 군다니 훔훔 사바하 백초임

중일미신 조주상권 기천인 팡장석정 강심수 원

사망령을 고륜선밀가지 신전운택 업화청량 각

구해탈

○ **변식진언**

나막살 바다타 아다바로기제옴 삼바라 삼마라훔

○ **시감로수진언**

나무소로바야 다타아다야 다냐냐타 옴 소로소

로바라 소로바라소로 사바하

○ **일자수륜관진언**

옴 밤밤 밤밤

○ **유해진언**

나무사만다 못다남 옴 밤

○ **칭양성호**

나무다보여래 원제고혼 파제간탐 나무묘색신여
래 원제고혼 이추누형상호원만 나무광박신여래
원제고혼 사육범신 오허공신 나무이포외 여래
원제고혼 이제포외 득열반락 나무 감로왕여래
원아각각 열명영가 인후개통 획감노미 원차가
지식 보변만시 방식 자제기갈 득생안양국

○**시귀식진언**

옴미기 옴미기 야야미기 사바하

○**보공양진언**

옴 아아나 삼바바 바아라 훔

○ **보희향진언**

옴삼마라 옴삼마라 미만나 사라마하

자가라 바라훔

수아차법식 하이아난찬 기장함포만 업화돈청량

돈사탐진치 상귀불법승 염념보리심 처처안락국

○ **여래십호**

여래응공 정변지 명행족 선서세간해 무상사 조

어장부 천인사 불세존제법 종본래 상자적적멸상

불자행도이 래세득작불 제행무상 사생멸법 생

멸멸이 적멸위락 원아 진생무별념 아미타불 독

상수심심 상계옥호광 염염불리 금색상아집염주
법계관 허공위숭무불관 평등사나무하처 관구
서방 아미타 나무서방 대교주 무량수 여래불
나무아미타불

18 구병시식(一)

나무상주시방불 나무상주시방법
나무상주시방승
나무대자대비 구고 관세음보살 마하살
거사바세계(운운)지 모처거주 금일(야) 특

위 모인 책주귀신영가 승불위신 장법가지 취차

청정 보좌 포찬선열지법공

진령계 이차진령신소청 (운운)

천수착어 자광조처연화출 (운운)

천수일편위고혼 지심제청 지심제수

신묘장구대다라니 (운운) 약인욕료지 (운운) 파

지옥진언 (운운)

○ **멸악취진언**

옴 아모가 미로자나 마하 모나라 마니바나마

아바라바라 밋다야 훔

○ **소아귀진언**

옴 직나 직가 예혜혜 사바하

○ **보소청진언**(운운)

유세차 모년모월모일 도도모군 모면 모동 리

인 득병난제 박상신음 근비향등반병전마 요청

책주귀신영가 급여오방제위영기영혼 이신공양

복원모인책주귀신 제위령혼 내림초좌 수첨법공

해원석결 병환소제 신강역족 소구여원 일일성

취 절이 명로망망 고혼요요 혹입유관 영세초독

혹처중음 장접기허 사앙사고 난인난당 천재미획

초승지로 사시영무향제지의 호구사방 종무일포
행탁재색이손물 역부주식이침인 혹 불망정애이
추심 혹 미석원중이핍박 혹인정부조옹출랍이생
화 혹연와석토목범동이유재 범범부부지병근 이
통상 귀신요지죄상이침책 귀부지인지 고뇌이망
노 인부지귀지기허어도증 불가관음지위신 영석
인귀지결한 사이 운심평등 설식무차 원제무주
고혼 앙장관음 묘력 함탈고취 내부법연 근병일
심 선진삼청

나무일심봉청 승권기고 보제기허 위구어악도

중생 고현차 왕리지상 대성초면귀왕 비증보살

마하살 유원불위본서 강림도량 증명공덕

　　향화청

○가영

비증시적대보살 권현유형시귀왕

존귀위중유부주 노화명월자망망

고아일심 귀명정례

헌좌진언 (운운)

○다게

금장감로다 봉헌증명전 감찰건간심

원수애납수

일심봉청 모인책주귀신영가 위주 선망 부모

다생사장 오족육친 열명영가 내호조왕대신 외호

산왕대신 오방동토신 오방용왕 오방성자 동방갑

을청색신 남방병정적색신 서방경신백색신 북방

임계혹색신 중방무기황색신 제일몽다라니등 칠

귀신 동방청살신 남방적살신 서방백살신 북방혹

살신 중앙황살신 오온행건귀신 객건귀신 근계토

공신 근계침귀신 근계칙귀신 근계도로신 근계정

중신 근계난중신 천전귀신도전 지전귀신 도전

인건귀신도전 온건귀신도전 행건귀신도전 객건

귀신도전 노건귀신도전 산건귀신도전 수건귀신

도전 각병권속 승 삼보력 내림초좌 수첨법공

○ **향연청 가영**

채유주인원유두 지인증애미중휴

여금설식겸양법 돈오무생해결수

상래소청 책주귀신 각 열위영가

수위안좌진언 (운운) 백초임중 (운운)

선밀가지 (운운) 청양성호 (운운)

원차가지식 (운운) 내지 동견무량수 개공성

불도까지

상래봉청청 시식염불 풍경공덕 특위모인 책주귀
신영가위수 일체친속 열명영가 제위영가연혼불
자 함원이십핍뇌자즉 속증법희지묘과 인아이침
책자즉 영포선열지진수 원숭관 대비지위광 공
입 미타대원지각해

염 시방삼세 일체제불 제존보살 마하살 마하

반야바라밀

원왕생(운운) 소전진언(운운)

봉송진언(운운) 상품상생진언(운운)

해 백생원가다라니

옴 아아암악 (백팔편)

19 화엄시식

나무아미타불 나무관세음보살

나무대세지보살

불신충만어법계 보현일체중생전

수연부감미부주 이항처차보리좌

(요령세번내리고 조금있다가)

거 사바세계 차사천하 (운운) 지 모처거주 금

일 지극정성 설향단전 봉청재자 모인복위 모인

-490-

영가 역위상서 선망 광겁부모 타생사장 누세종
친 원근친척 제형숙백 자매질손 각열명영가 억
원차사 최초창건이래 중건중수 조불조탑 불양
등촉 내지 불전내외 일용범제집물 화주시주 도
감별좌 조연양공 사사시주등 각 열명영가 차 도
량내외 (운운) 숭불신력 내예향단 동첨법공 증
오무생

　　보방광명향장엄 종종묘향집위장
　　보산시방제국토 공양일체대덕존
　　우방광명다장엄 종종묘다집위장

보산시방제국토 공양일체영가중

우방광명미장엄 종종묘미접위장

보산시방제국토 공양일체고혼중

우방광명법자재 차광능각일체중

영득무진다라니 실지일체제불법

법력난사의 대비무장애 립립변시방 보시주법

계 금이소수복 보첨어귀취식이면극고 사신생락

처

보공양진언 (운운) 사다라니 (운운)

흑풍경원차가지식 (운운) 시 귀식진언 (운운)

시 무차법식진언

옴 목역능 사바하

발 보리심진언(운운) 보회향진언(운운) 십

념청정법신(운운) 내지 마하반야바라밀

(위패를 소송치 못하면 안과편만 읽어두라)

상래소청 제불자등 각 열명영가 기래화연 포

찬선열 방하신심 안과이주

20 구병시식(二)

(1) 병 처방법

자생(子生)이 오 경 일(午 庚 日)에 병나면 흉하다

축생(丑生)이 축유일(丑酉日)에 병나면 흉하다

인생(寅生)이 인진신일(寅辰申日)에 병나면 흉하다

묘생(卯生)이 신해일(申亥日)에 병나면 흉하다

진생(辰生)이 오병일(午丙日)에 병나면 흉하다

사생(巳生)이 해자일(亥子日)에 병나면 흉하다

오생(午生)이 술인진일(戌寅辰日)에 병나면 흉하다

미생(未生)이 신진미일(申辰未日)에 병나면 흉하다

신생(申生)이 술인묘일(戌寅卯日)에 병나면 흉하다

유생(酉生)이 묘정인진미일(卯丁寅辰未日)에 병나면흉하다

술생(戌生)이 인진임일(寅辰壬日)에 병나면 흉하다

해생(亥生)이 사묘기일(巳卯己日)에 병나면 흉하다

춘당무기유난활 (春當戊己류難活)

-494-

하지경오역불생 (夏至庚午亦不生)

추당갑을난구명 (秋當甲乙難救命)

동우병정부혼정 (冬遇丙丁夫魂精)

(2) 초상방위법

子生東方凶 (자생동방흉)　　丑生戌方凶 (축생술방흉)

寅生申方凶 (인생신 〃)　　卯生午方凶 (묘생오 〃)

辰生戌方凶 (진생술 〃)　　巳生亥方凶 (사생해 〃)

午生子方凶 (오생자 〃)　　未生丑方凶 (미생축 〃)

申生寅方凶 (신생인 〃)　　酉生卯方凶 (유생묘 〃)

戌生未方凶 (술생미 〃)　　亥生巳方凶 (해생사 〃)

子方은正北方 (자방은 正북방)

丑寅方은 東北간방 （축인방은 동북간방）

卯方은 正東方 （묘방은 정東방）

辰巳方은 東南간방 （진사방은 동남간방）

午方은 正南方 （오방은 정남방）

未申方은 西南간방 （미신방은 서남간방）

酉方은 正西方 （유방은 정서방）

戌亥方은 西北간方 （술해방은 서북간방）

(3) 입관법 （시간의 길시）

甲乙丙丁日은　戌巳時　大吉　（갑을병정은 술사시가대길）

戊己日은　寅申時　大吉　（무기 일은 인신시　〃 ）

庚辛日은　亥時　大吉　（경신 일은 해시　〃 ）

-496-

壬 癸 日은 酉 時 大吉 (임 계 일은 유 시가대길)

(4) 명종 불견법(명을 마칠때 보지 않는자)

子日 巳 亥 生 (자일사해생)　　丑日 巳午未 生 (축일사오미생)

寅日 巳 酉 生 (일 〃 유생)　　卯日 巳 酉 生 (묘일사 유 생)

辰日 巳 亥 生 (진 〃 해생)　　巳日 亥巳申生 (사일해사신생)

午日 巳 寅午 生 (오 〃 인오생)　　未日 巳 未 生 (미일사 미 생)

申日 巳 申 生 (신 〃 신생)　　酉日 巳 未 生 (유일사 미 생)

戌日 巳 寅 生 (술 〃 인생)　　亥日 巳 未 生 (해일사 미 생)

(5) 명종인 육도환생법

子丑日에 命終者 天道去　　(자축일에 죽으면 천도에 나고)

-497-

午未日에 命終者 佛道去 (오미일에 죽으면 불도에 나고)

寅申日에 命終者 人道去 (인신일에 죽으면 인도에 나고)

卯酉日에 命終者 鬼道去 (묘유일에 죽으면 귀도에 나고)

辰戌日에 命終者 畜道去 (진술일에 죽으면 축도에 나고)

巳亥日에 命終者 地獄去 (사해일에 죽으면 지옥에 나고)

제三장 삼신 및 칠성제문

① 삼신축원법

삼신할미의 좌는 안방의 아랫목이다. 밥세그릇 백미서되와 미역국 간장 등을 차려놓고 백목천 五척을 갖추고 나서 기도한다.

유세차 모년모월 모일 모씨가중의 대주 모생 모 성명과 가모 모생 모성명이 이 정성을 드리려 고 남생기 여복덕 가려받아 부정을 소제하고 목 욕재계 정히하고 향과 등불 피여놓고 불백기도 갖추어 놓고 삼신전에 지극정성 드리오니 감응 감통하옵소서

(다음에는 해당경을 염송하며 무수히 빈다)

나무동방청제부인 달성제왕신 나무남방적제부인 달성제왕신 나무서방백제부인 달성제왕신 나무북방흑제부인 달성제왕신 나무중앙황제부인 달성제왕신 나무동방청제왕신 나무남방적제제왕신 나무서방백제제왕신 나무북방흑제제왕신 나무중앙황제제왕신 정월해위수신 이월술위토신 삼월유위금신 사월신위금신 오월미위토신 육월오위화신 칠월사위화신 팔월진위토신

구월묘위목신 십월인위목신 지월축위토신 납월

자위수신. 자년 자월 자일 자시 육갑부인 달성

제왕신 축년축월축일축시 육갑부인 달성제왕신

인년인월인일인시 육갑부인 달성제왕신 묘년묘

월묘일묘시 육갑부인 달성제왕신 진년진월진일

진시 육갑부인 달성제왕신 사년사월사일사시

육갑부인 달성제왕신 오년오월오일오시 육갑부

인 달성제왕신 미년미월미일미시 육갑부인 달

성제왕신 신년신월신일신시 육갑부인 달성제왕

신 유년유월유일유시 육갑부인 달성제왕신 술

년술월술일술시 육갑부인 달성제왕신 해년해월

해일해시 육갑부인 달성제왕신

금일제자 모생 모성명 태생시지 무득반로 영

제 천재멸진 천마최 만복생 괴귀소 암중득광명

패중득생 옥중득출 병중득차 사중득생 일체 도탈

금일재자 일태일생 영제단명 회작장명 당의봉행

옴 급급여률령 사바하

③ 불설동자속명경

천상천하 수일살 천상지하 수일살 지하천상

수일살 천상사방 수일살 천상팔방 수일살 지하
제신 수일살 금자동자 모갑생 모성명 중복수 삼
십삼천 중복수 이십팔수 중복수 아수륜천왕 중
복수 제석천왕 중복수 상방대범천왕 중복수 대
자재천왕 중복수 화락천왕 중복수 도솔천왕 중
복수 비사문천왕 중복수 하방전륜성왕 중복수
일천자왕 중복수 월천자왕 중복수 육판천왕 중
복수 일광보살 중복수 월광보살 중복수 무애보
살 중복수 고왕금래보살 중복수 하방천조관 중
복수 모갑생 모성명 연절아한 동자신 월절아한

동자신 일절아한 동자신 시절아한 동자신 포절

아한 동자신 팔괘아한 동자신 동방청제청의부

인 동자신 남방적제적의부인 동자신 서방백제

백의부인 동자신 북방혹제혹의부인 동자신 중

앙황제황의부인 동자신 북방대성 선동자신 악

동자신 천탄、지탄、년탄、월탄、일탄、시탄신 천락

지락、년락、월락、일락、시락신 삼십삼천 동자신

팔만사천뇌공 동자신 모인생 모성명 모월、모일

모시 생아 단명역살 일시소멸 선신수호 영무재

앙 연년익수 내지일백이십세 외경정법 여불여

법 여 숭설차경이　일체천중　귀신　신수봉행　작

례이거

금강수명다라니 옴 바아라유사 사바하

4 불설동자연명경

나무불설광본동자신　나무대부수신동자신

나무대덕거생동자신　나무구랑생양동자신

나무적량계양동자신　나무조량적양동자신

나무년일친범사현동자신

나무년삼원진사현동자신

나무년오단명사현동자신

나무년칠황천사현동자신

나무년구명공사현동자신

나무섭이사현동자신

나무동방아한동자신

나무서방아한동자신

나무동방목귀동자신

나무서방금귀동자신

나무중앙토귀동자신

나무일광금정동자신

나무섭일구한동자신

나무섭삼송살동자신

나무남방아한동자신

나무북방아한동자신

나무남방화귀동자신

나무북방수귀동자신

나무월광명정동자신

나무단명수귀동자신

불설차경이 동자신 신수봉행 작례이거

옴 급급여률령 사바하 연수명다라니 훔훔 시기

사바하

5 불설장수멸죄경

파두미파 두미재미 헤니헤니 제라제려 후라

후려 유려유라 유려빠라 빠려문제진질 빈진반

서 멀질찌나가리 수바하

※ 칠일칠야 향등 공양하여 주 사서연설하면 수태보명멸죄하고 아기를 기른다。

타니야다 전달리 전달라비제 전달라마훔·전

달라 바테전달라 뿌리전달라사이 전달라디리 전
달빠 전뚜루 전뚜루 전달라 바라사 전달라 물
달리 전달라 아바디이 전달라바양 전달라카키
전달노기 스바하

※ 멸악죄 능수 일백이십세 동자장수최상경

6 제왕경(삼신골육경)

적막천지 두사이에 지모종신 하실적에
삼황오제 증거로다 천황씨가 탄생하사
삼태육성 정한후에 일월성신 조임하야

지황씨가 탄생하사 화덕으로 지휘하야
초목금수 시정하고 인황씨가 탄생하사
귀몽으로 은소하고 식목위소 하실적에
수인씨가 탄생하야 찬수불로 피여놓고
교인화식을 가르치고 음양을 통한후에 여필종
부법을 쫓아 가촌을 가르치고 부부를 정한후에
남녀자손 마련할제 인충도 삼백이요 백충도 삼
백이요 녀충도 삼백이요 기백금수 생긴후에
지상이라 제왕신이 뉘실런고 천명도 아신배요
지명도 아신바라 삼섭삼천 개명도에 왕자 삼신

도술천관 삼신제왕 점지하사 그달부터 제정하
야 서산난초 잎펀듯이 이슬같이 삼태받아 점지
하신 삼신제왕 태중 두달만에 적부왕이 좌정하
야 부친혈기 모친혈기 청실홍실 갖추시고 수명
장성 마련하시던 삼신제왕 태중 석달만에 금부
왕이 좌정하사 좌편이와 우편이와 기와배로 갖
추시고 상설기와 하설기와 두골신통 내외경익
갖추시던 삼신제왕 태중 넉달만에 백부왕이 좌
정하야 사대육신 좌우수족 이목구비 갖추시던
삼신제왕 태중 다섯달만에 공주왕이 좌정하사

남녀를 분별하고 남자는 십이형을 여자는 구형
을 마련하여 주시던 삼신제왕 태중 여섯달만에
보덕왕이 좌정하야 대길소길 소절마다 중절 육
십여절 갖추시던 삼신제왕 태중 일곱달만에 태
산왕이 좌정하야 만복에 짐을실어 부귀장명 갖
추시던 삼신제왕 태중 여덟달만에 두수왕이 좌
정하야 팔만보살 내심외심 어진충명 갖추시던
삼신제왕 태중 아홉달만에 금탄왕이 좌정하야
원형이정 인의례지 팔팔육십사괘라 삼백육십사
혈기와 왕문왕동 갖추시던 삼신제왕 태중 열달

만에 천사왕이 좌정하야 천문수하 문열라 수우
에 문이 열려 귀남자를 탄생발원 하옵시고 조
태왕은 부자정을 마련하고 천강제왕은 선망조
상 후망조상 부모를 마련하고 소길제왕은 기회
질병 낙장지혜를 마련하고 대길제왕은 부귀영
화 공명자손 그비저 답자수 마련하옵소서 수명
장단은 국길왕차지오니 복원 일월제석삼신제왕
은 세인남녀 복덕을 점지하시고 소원성취 하옵
시기 천만복축하옵니다 모성인이 발원축복하오
니 한태줄에 동남동녀 줄줄히 점지하사 질병질

액없이 무병장수 부귀길창 하옵기를 천만발원
하옵니다 천금같이 치중하야 일체성시 초일 부
정살과 성시삼일 삼신살과 성시칠일 부정살과
성시백일백살살과 인간왕래부정살과 성삼사칠
부정살과 우마게견육축살과 생부정살과 천부정
만부정살을 막어 제살하옵시고 수명장수케 하
옵시기를 천만복원하옵니다。

○**보태주문**

최최최 지최최 최생남 최생녀 쾌강생 기린좌

강생 봉황우강생 강생범 간호안정 십이시생면

앙래 생락지 생락지 희매매

오봉섭이의저 칙령 대급급여률령

7 삼신태자경

혼륜천지 개벽초에 삼왕오제가 천지로다 태

고라 천왕씨는 목덕으로 왕하야 세기섭제한이

무위이화하다 형제십이인이 각각 일만팔천세라

이때시절에 일월성신이 조림하실제 지황씨가

차차나서 화덕으로 왕하여 형제십일인이 각각

일만팔천세라 이때시절에 초목금수 시생할세 인

황씨가 차차나서 형제구인이 분장구주하야 각

각 일백오십세라 합하니 사만오천육백년일러라

유황유소씨 차차날때 구목위소하고 식목실 하

실세 제곡도당씨 차차나서 무주공산에 터를 닦

아 나무를 얽어서 집을삼고 궂은비와 모진추위

와 독한서리 풍진을 피케하니 이때는 밥나무에

밥이열리고 옷나무에 옷열여 풍상을 모르옵더

니 수인씨가 차차나서 시찬수 불을빌어 교인화

식하여 밥을지어 인간을 먹게하고 여와씨 차차

나서 의복지어 입게하니 시작생황하고 이석보
천후에 황제헌원씨가 차차나서 여와씨의 본을
받아 황작목배를 모아 이제불통 하게하고 염제
신농씨 차차나서 인신우수로서 상백초 하며 시
유이약하다 협산에 밭을갈아 농부에 농사법을
전하시고 태호복희씨 차차나서 사신인수로서 천
지음양정맥과 하도낙서 살핀후에 창해같은 의
견으로 팔괘법을 지어내어 인간을 가르칠때 혼
서혼물을 정할길이 없어 여피로 정포할때 내포
난 외포삼고 외포는 내포삼아 남자는 취처하고

여자는 출가하야 부부를 정한후에 음양으로 상통하야 부부지락을 정하고 자손을 마련할제 인충도 삼백이요 모충도 삼백이요 비충도 삼백이라 금수가 백가지요 짐승중에 인물이 최상이라 그시에 삼신이 뉘실런고 천신 지신 인신 삼십삼천 도솔천강 도지왕 이르니 옥황님이 지하국에 인간남녀 희활함을 하찰하시고 칠성님을 명하여 지부대왕을 패초하라하니 칠성이 수명하고 지왕에가서 전교하되 지왕이 칠성을따라 옥계하에 복지하거늘 상제하계하사 지하국에 인

간남녀를 분별하는 도시왕을 맡기시니 삼십육
년만에 화천하리라 지왕수명 어천하고 문밖에
나서 서천을 축수하고 약수를 건너서 서천서역
국을 지나서 불전에 다달으니 불법세존이 합장
문왈 대왕은 무삼일이 있관대 누지에 왕림하셨
나이까 지왕이 답왈 소왕은 옥황상제님께 명령
을 받아서 지하국에 하계하여 금세상 하강하여
억만인생을 분별하러 가옵더니 인간의 길흉 화
복은 불전에 있다하옵기로 왔나이다 복원 세존
님은 허물치 말으시고 동심병력 하옵소서 일일

은 세존님이 허락하시고 일일은 지왕이 칠건가

사로 몸에 입으시고 머리에 일척포를 쓰시고

백팔염주 목에걸고 소상반죽 둘러집고 륙환장

유리상에 법주책을 피워놓고 보살도 삼보살 세

존도 삼세존 관음도 삼관음 팔만팔천 동자보살

좌우편에 시위하고 세존님 좌기하사 관음보살

님 모시고 죽비경쇠를 두둘으며 아미타불 육자

염불을 외우며 불전에 하직하고 칠성국에 다달

아 인간의 복록을 구별할세 임녹 관녹 제녹 천

제녹 나라녹 히기녹 병녹 복녹을 구별하여 좌

우에 금책을 들고 우수에 대필잡아 백룡석에 먹

을갈아 일필휘지 정서하고 칠성으로 하직하고

옥경을 떠나서 대해중에 다달으니 사해룡왕이

영접하사 용왕궁에 숙소하고 통천보함문을 얼

른지나서 광대한 천지간에 십이제국을 두루 다

니면서 인간의 선악을 분별할제 적선지가에는

필유여경이요 적악지가에는 필유여화인지라 순

득자 부득자 제왕 제극자로 차례로 분별 할제

혹자는 이남이요 혹자는 삼남삼녀요 혹자는 오

남오녀 혹자는 무남독녀요 혹자는 무매독자라

이렇듯이 분별할때 무자한 사람은 전생에 지은
죄라 인생은 감이 천신인고로 태중일색이니라
잉태한 한달만에 백부왕이 하강하야 칠성전에
명을빌고 제석궁에 복을타고 아버님의 뼈를타
고 어머님의 살을빌어 초목에 이슬같이 잠시간
에 마련하시든 삼신제왕 삼신님 태중이색이라
잉태한 두달만에 적부왕이 하강하여 대절과 소
절과 대혈과 소혈과 삼백육십사혈기로 분별 하
옵시던 삼신제왕 신령님 태중삼색이라 잉태한
석달만에 금부왕이 하강하야 내골외골 골육혈

맥을 통하옵시니 부인이 몸도 곤하니 기운이 쇄
진하야 식불감색하야 왕복별정하시던 제왕
신령님 태중사색이라 잉태한 넉달만에 두수왕
이 하강하야 두골과 숨통과 오장육부를 분별하
시는 제왕신령님 태중오색이라 잉태한 다섯달
만에 대영왕이 하강하야 석달에 영경받고 사오
색에 반검실어 침몰침도하여 불식자로하며 석
부정이어든 안거안이하여 이불청 엄성하여 이
렇듯이 남녀분별 하던 제왕신령님 태중 육색이
라 잉태한지 여섯달만에 병진왕이 하강하야 이

목구비로 분별할새 천중에 일월격이요 눈목자
눈을색여 만물을 보게하고 코준자 코를새겨 숨
을 통케 마련하고 입구자 입을 분별하야 엄마
젖줄을 물고 잔명을 보존케 마련하게하고 귀이
자 귀를새겨 만물을 듣고 만사를 명렴할때 눈
을 한번봄에 백사를 요량하고 귀로 한번들으매
만사로 자상토록 마련하시던 제왕신령님 태중
칠색이라 잉태한 일곱달만에 태산왕이 하강하
야 남녀를 분별할새 남자는 좌수에 왼수금에 평
생팔자 길흉화복을 마련할제 명지 장단과 길흉

화복과 홍망성쇠와 부귀궁달과 존비귀천을 마
련하시던 제왕신령님 태중팔색이라 잉태한 여
덟달만에 진탄왕이 하강하야 좌우수족을 분별
할새 손수자 발족자 그믐보자를 마련하시던 삼
신제왕님 태중구삭이라 잉태한지 아홉달만에 복
덕진군 금탄왕이 하강하야 수요장단과 원형리
정 인의례지 삼백육십사혈기 왕문왕회 갖추시
던 삼신제왕님 태중십삭이라 잉태한지 십삭만
에 천관지군 천사왕이 하강하야 시간시문 하시
고 천문수하 문열다 수우에 문이열려 귀남자를

탄생하여 주시든 삼신제왕님 공조왕은 필마갈피

가서 울털어 삼줄을 갈라주시고 모지귀성 일후

진군 조태왕은 부자지정을 마련하시고 군신지

도난 호길왕 차지하시고 천강제왕은 선망후망

조상을 마련하시고 소길제왕은 기회질병 낙장

지혜를 마련하시고 대길제왕 충기제왕은 금은

옥백 부귀공명 수명장수 자손창성 마련하소서

복원 일월제적 삼신제왕님은 세인남녀 복덕

을 점지하시고 소원성취 내리소서

8 칠성발원

○ **칠 성 단**

○ **정구업진언**

수리수리 마하리수 수수리 사바하(세번)

○ **정법계진언**

옴 람(세번)

○ **헌향진언**

옴 바아라 도비야 훔(세번)

○ **북두모심주**

나모라 다나다라 야야 다냐타 아가마시 마가

마시 아다마시 지바라마시 마하지바라마시 옴

다라나마시 마리지 야마시 나무사득 제라목사

라 목세캄 살바사다 바난타 살바사다 실바바유

바나라 비삐표 사바하 나무사만다 못다남 옴 마

리즈망 사바하

○**북두심주**

옴 라지훔 구지나지나 흡흡나라구나 자답나

지자나 부다나 부야나 옴호음 훔훔구지체 도소

따 아야미따 오도따 구기따 바로제따 야미야

구라제따 기마딱 사바하

지심정례공양 능멸천재 성취만덕 금륜보계 치

지심정례공양 성광 여래불(배)

지심정례공양 좌보처 백명이생 천광파암 일광

평조 소재보살(배)

지심정례공양 우보처 청량조야 성주숙왕 월광

평조 식재보살(배)

지심정례공양 대성북두칠원성군 주천열요 제

성군중(배)

지심정례공양 자미대제 통성군 십이궁중 태을

신 삼태육성작현신(배)

○ **보소청진언**

나무보보제리 가리다리 다타 아다야(세번)

○ **유 치**

앙유 치성광여래 여 북두칠성존 지혜신통 부

사의 실지 일체중생심 능히 종종방편력 멸피군

생 무량고 조장시우천상 응수복어인간 시이 사

바세계 남섭부주 해동대한민국 모주소 모사원

원아 금차 지극정성

헌공발원제자 주소

건명 생년월일 성 명 보체

-529-

곤명 생년월일 성 명 보체

장남 생년월일 성 명 보체

장녀 생년월일 성 명 보체

이차 인연공덕 일체병고 액난 관재구설 영위

소멸 사대강건 육근청정 자손창성 수명장수 부

귀영화 소구소원 여의성취 만사원만 성취지대

원 이금월금일 근비진주 건성예청 치성광여래

여좌우보처 양대보살 위수 북두칠성 좌보필성

우보필성 삼태육성 이십팔수 주천열요 제성군

중 훈근작법 앙기묘원자 우복이 설 영향이례청

정옥입이수재 재체수 미건성가민 잠사천궁 원

강향연

○ 향 화 청

위광변조시방중 월인청강일체동 사지원명제

성사 분림법회이군생 고아일심 귀명정례

○ 헌 좌 진 언

아금경설보엄좌 봉헌제대성군전 원멸진노 망

상심 속원해탈보리과

옴 가마라숭아 사바하

○ 정 근

나무북두대성 칠원성군

○권 공

이차청정묘공구 봉헌제대성군중 감찰재자건

간심

「원수자비애납수」(삼설)

「옴 호로호로 사아몬계 사바하」(삼설)

영통광대 혜감명 주재공중 영무방 라렬벽천

임찰토 주천인세 수산장 고아일심 귀명정례

⑨ 북두칠성연명경

적적지무종 허치접인아 할락동현문 수측차유

하 일입대승로 숙계연접다 불생역불멸 욕생정

련화 초능삼계도 자심해세라 진인무상덕 세계

위인가

대성북두칠원성군　능해삼재액

대성북두칠원성군　능해사살액

대성북두칠원성군　능해고행액

대성북두칠원성군　능해육해액

대성북두칠원군　능해칠살액

대성북두칠원군　능해팔난액

대성북두칠원군　능해구성액

대성북두칠원군 대성북두칠원군 대성북두칠원군 대성북두칠원군 대성북두칠원군 대성북두칠원군 대성북두칠원군 대성북두칠원군 대성북두칠원군 대성북두칠원군 대성북두칠원군

능해부처액 능해남녀액 능해산생액 능해부련액 능해질병액 능해역려액 능해사정액 능해호랑액 능해충사액 능해겁적액

대성북두칠원군 능해가봉액

대성북두칠원군 능해횡사액

대성북두칠원군 능해주저액

대성북두칠원군 능해천라액

대성북두칠원군 능해지망액

대성북두칠원군 능해도병액

대성북두칠원군 능해수화액

어시칠원군 대성선통령 제도제액난 초출고중생

약유급고자 지송보안평 진빙생백복 함계어오행

삼혼득안건 사매불능침 오행강진기 만복자래병

장생초활난 개유봉칠성 생생신자재 세세보신청

선약광중영 웅여곡리성 삼원신공호 만성안동명

무재역무장 영보도심령

북두제일양명　　탐랑태성군

북두제이음정　　거문원성군

북두제삼진인　　록존정성군

북두제사현명　　문곡축성군

북두제오단원　　염정강성군

북두제육부극　　무곡기성군

북두제칠천관　　파군관성군

북두제팔 동명외보성군

북두제구 은광내필성군

상태허정 개덕성군

중태육순생 사공성군

하태곡생 사록성군

북두구신 중천대신 상조금궐 하복곤륜

조리강기 통제건곤 대괴탐랑 거문록존

문곡염정 무곡파군 고상옥황 자미제군

대주천계 세입미진 하재불멸 하복불성

원황정기 내합아신 천강소지 주야상륜

속거소인　호도구령　원경존의　영보장생

삼태허정　육순곡생　생아양아　호아신형

괴작관행필보표존제　급급여률령　사바하

가유북두경　본명강진령　가유북두경　제영화위진

가유북두경　택사득안녕　가유북두경　만사자귀정

가유북두경　부모보장생　가유북두경　영업득청정

가유북두경　합문자건강　가유북두경　자손보영성

가유북두경　오로자통달　가유북두경　중악영소멸

가유북두경　육축보흥생　가유북두경　질병득전차

가유북두경 재물불허모 가유북두경 횡사영불기

가유북두경 장보형리정

제四장 산신제문

1 산왕단청문

지심귀명례　만덕고숭성개한적산왕대신

지심귀명례　차산국내항주대성산왕대신

지심귀명례　시방법계지령지성산왕대신

○ **보소청진언**

나무보보제리 가리다리다타 아다야 (세번)

절이 산왕대성자 최신최령 능위능맹지처

최용항마 최령지시 소재강복 유구개수 무원부종

시이 사바세계 남섬부주 해동대한민국 모시

모구 모동 모도량 금차지극지성심 헌공발원 재

자모인주소

건명　모생　모인　보체

곤명　모생　모인　보체

장남　모생　모인　보체

차남　모생　모인　보체

장녀　모생　모인　보체

이차 인연공덕 산왕대신 가피지묘력 일체병

고액 난등 영위소멸 사대강건 육근청정 안과태

평 수명장수 자손창성 부귀영화 심중소구소원
만사여의 원만성취지대원이 금월금일 건설법연
정찬공양 산왕대신 병종권속 기회령감 곡조미
성

　앙표일심 선진삼청 나무일심봉청

　후토성모 오악제군 직전외아 팔대산왕 금기
오온 안제부인 익성보덕진군 시방법계 지령지
성 제대산왕 병종권속 유원승삼보력 강림도량
수차공양

○ 향 화 청

영산석일여래촉 위진강산도중생 만리백운청
장리 운거학가임한정 고아일심귀명정례

○ **헌 좌 진 언**

아금경설보엄좌 봉헌제대산왕전 감찰제자 도
간심 원수자비애납수 상래가특이흘공양 강진이
차 향수특신공양 향공양 연향공양 감로다주미
공양 유원산신 애강도량 불사자비 수차공양

○ **보공양진언**

옴 아아나 삼바바 바아라 훔(세번)

-543-

○보회향진언

옴 삼마라 삼마라 미만나 사라마 자가라바 훔 _(세번)

2 산왕례참법

○지심귀명정례

나무동악대령 창광사명진군 남악경화 자광주
생진군 서악 소원요백대명진군 북악 울미동연
무주진군 중악 황원대광사진진군 울울청숭리 충
충백석간 소요성모신 암반보굴심 만학청봉정
보덕대진군 위진단화색 담형 록수성 조화 제대

-544-

산왕 차산국내 항주대성 산왕대성존 십산신성

호 나무 만덕고숭 성개한적 지령지성 곤륜대게

통제만국 산왕신위 익성보덕진군 영보천존 보

봉개화주산신 위광보숭주산신 미밀광륜주산신

보안현견주산신 금강밀안주산신 나무대비보살

지자비 외헌산신지위맹 신통자재 묘력난자 허

철시방 광통삼증 산하석벽 불능장애 순목지관

청즉변도 후토성모 오악제군 직전위아 팔대산

왕 금기오온 안제부인 차산국내 항주대성 시방

법게 지령지성 제대산왕 병종권속 수차공양

불설당산경

대법천왕당산신

삼십삼천당산신

오악지신당산신

동방청제당산신

서방백제당산신

중앙황제당산신

룡왕지신당산신

남방대장군당산신

북방대장군당산신

제석천왕당산신

이십팔수당산신

후토지신당산신

남방적제당산신

북방흑제당산신

사해지신당산신

동방대장군당산신

서방대장군당산신

중앙대장군당산신

동방청제부인당산신

서방백제부인당산신

중앙황제부인당산신

자축인방당산신 묘진사방당산신 오미신방당산신

유술해방당산신

건곤간손방당산신

명당구신당산신

주작현무당산신

일백이혹당산지신

오황육백당산지신

남방적제부인당산신

북방흑제부인당산신

갑을병정당산신

작산금산당산신

당산선왕당산지신

청룡백호당산지신

산신국내당산지신

삼벽사록당산지신

칠적팔백당산지신

이섭사산당산지신
옴 급급 여률령 사바하

4 산왕경

대산소산산왕대신
대각소각산왕대신
미산재처산왕대신
외악명산산왕대신
명당토신산왕대신
청룡백호산왕대신

대악소악산왕대신
대축소축산왕대신
이십육정산왕대신
사해피발산왕대신
금귀대덕산왕대신
주작현무산왕대신

동서남북산왕대신　　원산근산산왕대신

상방하방산왕대신　　흥산길산산왕대신

옴 급급 여률령 사바하 (세번)

○ 산령주 (천수경읽고 산신청 배후)

범천지만 태백산령 신후대길 삼각산령 병가대인

관악산령 마군대영 구월산령 신미자야 덕유산령

대주백명 대용산령 만세궁달 수양산령 궁지대방

지이산령 역적불입 용문산령 유명청충 림중산령

장청부재 속리산령 대장중궁 궁급산령 오복성수

봉래산령 충신유공 계명산령 후궁길흉 경주산령

팔도명산 금강산령 해금무강 해렴산령 석사비강

태명산령 수성부동 오악산령 세세불영 무획산령

청마수성 불공산령 오열불열 설악산령 기마불통

오대산령 급인취후 선길산령 박명수명 천마산령

천지음양 대제산령 음양불성 양장산령 오수중령

충용산령 상대산대산령 중대산대산령 하대산대

산령 팔도명산 도산령 차산국내 좌우산령 동개

골 남지리 서구월 북묘향 지대산령 황토산 금

위신장님은 속주오령 속부오신 자동하강하야 신

5 팔도관산신주문

천상도량은 옥황상제가 좌별이요 지하도량은 후토지신이 좌별이요 인간의좌는 천자가 좌별이요 신의좌는 선신의대별상이 좌별이요 불의좌는 서역좌중은 성조가 좌별이요 강남의 대원국은 도당십이국요 조선은팔도로되 천하제일명산은 곤륜산이요 수지조종은 황하수라 경상도는 칠십칠관이로되 상주가 대무관이요

함경도는 산은 가야산이 제일이요 이십삼관이로되 함흥이 대무관이요

평안도는 산은 장백산이 제일이요 사십사관이로되 평산이 대무관이요

황해도는 산은 상산이 제일이요 이십이관이로되 황산이 대무관이요

강원도는 산은 구월산이 제일이요 이십이관이로되 강릉이 대무관이요

경기도는 산은 금강산이 제일이요 삼십칠관이로되 양주가 대무관이요

산은 삼각산 인왕산 관악산 남악산
북악산 만덕산이 제일이요

충청도는 오십삼관이로되 청주가 대무관이요
산은 계룡산이 제일이요

전라도는 오십사관이로되 전주가 대무관이요
산은 무악산이 제일이요

제주도는 팔십이관이로되 한라산이 제일이요

호호탕탕 넓은천지 천하강산을 마련할제 중
원을 바라보니 산지조종은 곤륜산이요 수지조
종은 황하수라 동악산은 화산이요 남악은 형산

이요 서악은 태산이요 북악은 항산인듯 음양이
치가 분명코나 황해도라 문무당에 구월산 산왕
대신 한류강이 배합되야 원형리정을 마련하고
평안도로 염전땅에 묘향산 산왕대신 대동강이
배합되야 인의예지 마련하고 강원도로 수응따
에 금강산 산왕대신 소양강이 배합되야 의관부
를 마련하고 경기도로 양주땅에 감악산 산왕대
신 임진강이 배합되야 부귀길창 마련하고 삼각
산 인왕산 관악산 북악산 남악산 산왕대신 충
청도로 여산땅에 계룡산 산왕대신 백마강이 배

합되야 영웅호걸 마련하고 전라도로 남원땅에 지리산 산왕대신 섬진강이 배합되야 장생불사 마련하고 경상도로 상주땅에 태백산 산왕대신 낙동강이 배합되야 부간체사를 마련하고 광주라 무등산 산왕대신 영산강을 배합하야 신의정기를 마련하니 나무일심봉독하소서 지성이면 감천이요 공든탑이 무너지며 신든낭기 꺾어지리요 이번의 이정성인이 죄를 소멸하고 신의화기가 소멸하야 생기발원정성 동방삭의 명을주고 석숭의 복을 점지하시고 소원성취 이루워 주옵

소서

옴 급급여률령 사바하 산왕대신 (수백번)

6 산벌풀이

※ 산신청에서 천수경 읽고 보회향진언까지

○ 풀 이

저쪽 산신상을 차려놓고 산신님을 청하야 이
골 산신님과 합의동심 하옵소서 금일 모산 산
신님을 청한것은 다름이 아니오라 모성인 집안

이 산신벌을 입어서 모산 산신님을 청했읍니다

산신골을 풀어주시와 모생 모인의 병환을 쾌차

치유 하여주시옵소서

○ **산왕예참문**

○ **병고소멸진언**

옴 소시지 가리바디 다나타 목다에 바아라 반

다 하나하나 훔바딱(세번)

○ **원성취진언**

옴 아모까 살바다라 사다야 시베훔(세번)

○ **보골진언**

옴 호로호로 사야목게 사바하 (세번)

영산석일 여래촉 위진강산 도중생

만리백운 청장리 운거학가 임한정

고아일심 귀명정례

○ 해원경…적당한경 즉 육갑해원경 불설해원경 등등

○ 불설중복경

○ 토지신주

○ 명당경

○ 관음시식을 적용하고 끝난다

성황풀이 (산왕풀이)

남산은봉이요 주산은당산이라 갑산은지자로
다 안강은강이요 여산은도읍이요 천간은 착하
시니 하늘이생기시고 지복이 착하시니 땅이 생
기시고、인오술상하니 사람이생기셨네 그때그시
절에 동방문이열리시고 그때그시절에 서방문이
열리시고、그때그시절에 남방문이열리시고 그때
그시절에 북방문이 열리시고 그때그시절에 오
구제석 천왕문이열리시고 함경도라 백두산은

두만강이 둘러있고 평안도라 묘향산은 대동강이
둘러있고 황해도라 구월산은 임진강이 둘러있고
강원도라 금강산은 해금강이 둘러있고 경기도라
삼각산은 한강이 둘러있고 충청도라 계룡산은
금강이 둘러있고 경상도라 태백산은 낙동강이
둘러있고 전라도라 지리산은 용임수가 둘러있고
제주도라 한라산은 사면바다 둘러있네 맥이맥이
선왕님네 봉이봉이 선왕님네 앞도당산에 선왕님
네 뒤도당산에 선왕님네 자리잡든 선왕님네 터

를잡는 선왕님네 터를잡는 선왕님네아 오동나

무 상상봉에 봉황이 높이떠서 천년지두 만년가

옥 주춧돌에 땀이나고 팔모기둥에 좀이나고 아

버지는 투구쓰고 어머니는 사모쓰고 아들에겐

각띠띠고 딸에게는 쪽도리씌우고 봉봉이도 자

중하고 골골이도 자중하고 부귀영화를 마련하

면 오는길에 복을주고 가는길에 명을주소

대산소산 선왕대신 대동소동 선왕대신 대촌

소촌 선왕대신 미산재처 선왕대신 명당토산 선

왕대신 금귀대덕 선왕대신 주작현무 선왕대신

동서남북 선왕대신 원동근동 선왕대신 상방하방
선왕대신 후토지신 선왕대신 차동국내 선왕대신
옴 급급여률령 사바하

제四부 부록편

제一장 경 문

1 불설오성반지경

남무무량처세불 남무무량광명불

남무무량무애불 남무무량광염불

남무무량청정불 남무무량지혜광불

남무무량보장광왕불 남무무량수광명불

남무무량일월광불 남무무량용승광불

남무무량후수광명불 남무무량보광명불

남무무량금광명불 남무무량해덕왕불

남무무량금명왕불 남무무량대력광명불

② 육모적살경

천지지인소기인 생상무궁고금동 인명생시범음

살 사주팔자정길흉 길신흉신본무정 길변위성흉

변길 천라지망연년살 천살지살연년살 삼재팔난

삼형살 오귀육해패사살 상문조객곡성살 연살월

살흉신살 수옥망명원억살 낙정낙해목욕살 태세

장군행령살 구천응원뇌공살 도로장사송법살 범

살단두성육살 오악산신호구살 평지고산낙마살

사해용왕의수살　신당고묘범과살　부부이별원진

살　천고지고공망살　산신지신애안살　실재무재빈

천살　천룡지아오곡살　천곡지곡비통살　양인천인

도검살　수양수양고어살　생년생월범중살　생일생

시범하살　천을태을적살신　탐낭거문적살신　녹존

문곡적살신　염정무곡적살신　파군대성적살신　일

백이혹적살신　삼벽사록적살신　오황육백적살신

칠적팔백적살신　구자구궁적살신　청제장군적살

신　적제장군적살신　백제장군적살신　흑제장군적

살신　황제장군적살신　금신목신오행살　수신화신

암석살 석물목물애명살 금은옥백사범살 철소철
쇠손재살 천패팔패삼패살 결항치사횡액살 우색
오색소색살 패목패목망고살 관재구설개소멸 겁
살재살개소멸 도로횡액개소멸 고신과숙개소멸
상남상녀개소멸 혼인범살개소멸 인명단살개
멸 의복범살개소멸 물색범살개소멸 전재범살개
소멸 온황병살개소멸 백사허망개소멸 낙미지액
개소멸 사방출입개환희 심중소구만여의 종차제
살영소멸 무량중생역여시 세세생생불범살 무진
복락과태평 마하반야바밀

③ 적호경

자축인묘진사오미신유술해각일각유요융신 오

방각지각유요융신 천의지유요융신 의복군의요

융신 황혹의신 온황의복신 자오묘유거반로신

인신사해서두도신 진술축미서두택사신 남무사인

천살귀신 남무십왕대왕각작호중복신 남무십이

월각사인 각작호 각중복신 천재만화개실소멸

억선만복구족재 병재합가 인중실개안태 자손

창성 무유홍화

옴 급급여율령 사바하

4 옥갑경

○옥갑경제一편

즉시 옥갑경은 악인가중에 생시화지도야라 세강속말에 인물이 충충하고 인민개중에 귀신이 분분하여 인신이 잡여고로 옥황상제 대로하사 즉설 박어 세상하시니 시분 귀매상침이라 즉설 주왈 천원지방에 일월이 광명하고 성신이 삼라하야 신령은 청정지고로 최생만물이 변화무궁하

고 소지명령에 기운 온화하니 여등귀물이 무죄

인간에 침책고로 청룡도로 두파하고 황천검에

요참하여 즉시 옥갑경내에 대도요참하리라

급급여률령

○ 옥갑경 제二편

청산후토황토 명천섭삼년 전곡신황 선관도사

일체신장 개내호 유비세난사 오지물은 하념불

상대도공덕이 지삼멸귀 소멸 귀신을 멸망하고

천황사자는 천신을 멸망하고 지황사자는 지신

을 멸망하고 인황사자는 인신을 멸망하고 오악산왕은 동토금기와 섭이령신지귀를 멸망하고 사해용왕은 강해만물 남녀수신귀를 멸망하고 구천사자는 인간억만 팔천지귀신 무죄인생 침책귀를 결박촉수하야 수지풍토지옥에 촉수멸망하라 급급여률령

○ **옥갑경 제三편**(옥갑신장경)

청사원수진군 육정육갑제대신장 청사풍운옥갑신장 뢰부청병옥갑신장 구천벽력옥갑신장 십

이주신옥갑신장　이십사방주천신장옥갑신장　오
방오제옥갑신장　팔방뇌공옥갑신장　선사팔진옥
갑신장　귀문팔문옥갑신장　천지팔양옥갑신장　인
사요귀　남녀지귀　시시 옥갑경내에 결박촉멸하라
급급여률령

○ **옥갑경 제四편**

　청사원수진군 오방령신신장은 각솔기병하라
여등귀물은 막거하처야아 동방으로 가자하니
청갑신장 청갑장군 청갑사자 청투구 청인갑에

청의동자 상응하고 청마상에 전좌하야 좌부에

삼만신병 우부에 팔천신병을 전후좌우 솔령하야

동방으로 출입귀는 청룡검으로 요참하야 삼혼칠

백이 일시에 혼비백산하리라 남방으로 가자하

니 적갑신장 적갑장군 적갑사자 적투구 적인갑

에 적의동자 상의하고 적마상에 전좌하야 좌부

이만신병 우부에 칠천신병 전후좌우 솔령하

야 남방으로 출입귀는 적용검으로 요참하니 삼

혼칠백이 일시에 혼비백산하리라 서방으로 가자

하니 백갑신장 백갑장군 백갑사자 백갑투구 백

인갑에 백의동자 상응하고 백마상에 전좌하야
좌부에 사만신병 우부에 구천신병을 전후좌우
솔령하야 서방으로 출입귀는 백룡검으로 요참
하니 삼혼칠백이 일시에 혼비백산하리라 북방
으로 가자하니 혹갑신장 혹갑장군 혹갑사자 혹
투구에 혹의동자 상응하고 혹마상에 전좌하야
좌부에 일만신병 우부에 육천신병을 전후좌우
솔령하야 북방으로 출입귀는 혹룡검으로 요참
하니 삼혼칠백이 일시에 혼비백산하리라 중앙
으로 가자하니 황갑신장 황갑장군 황갑사자 황

갑투구 황인갑에 황의동자 상응하고 황마상에

전좌하야 좌부에 일만오천신병 우부에 이만오

천신병 전후좌우 솔령하야 중앙으로 드는귀물

은 황룡검으로 요참하면 삼혼칠백이 일시에 혼

비백산하리라 여신장등은 억천만신병으로 용군

결진하되 양양금고각함성은 천지를진동하고 창

기검광은 일월을 위폐하고 산변위구하고 해변

위야하야 변화무궁이라 여방귀졸을 결박하야 원

문지외에 대도요참하리라

급급여률령

○ **옥갑경 제 五 편**

청사원수진군 육정육갑제대신장 각솔오방하
되 동방청갑장군 이십사장 상응하고 청룡검 청
룡퇴로 청춘남녀지귀를 일시에 멸망하고 남방
적갑장군 십사장 상응하고 적룡검 적룡퇴로 청
춘남녀지귀를 일시에 멸망하고 서방백갑장군삼
십육장 상응하고 백룡검 백룡퇴로 청춘남녀지
귀를 일시에 멸망하고 북방흑갑장군 십육장을
상응하고 혹룡검 혹룡퇴로 청춘남녀 지귀를 일

시에 멸망하고 중앙황갑장군 오십장을 상응하고 황룡검 황룡퇴로 청춘남녀지귀를 일시에 소멸하되 여신장등이 일휘즉 천지개벽하고 이휘즉 산천이 변복하고 삼휘즉 인간이 대길하고 사휘즉 강해변이 동하고 오휘즉 인간 억만팔천지귀 무죄인생 침책귀를 개개히 결박촉내하야 삼혼칠백을 풍도지옥에 대도요참하리라

급급여률령

○옥갑경 제六편

삼산반락 청천 거래하던 호사귀야

야반락선 도객선 왕래하던 직사귀야

위수중분 백로단 물에빠져 수사귀야

화간춘풍 심방시 줄타놀던 광대귀야

춘풍도리 화개시에 꽃날리든 원혼귀야

화류춘풍 청루상에 가무하던 창녀귀야

추우오동 락엽시에 잎날리든 말명귀야

백화만발 록음중에 목매죽은 결향귀야

고소성외 한산사에 염불하던 중사귀야

구중궁궐 별당안에 수절하던 열녀귀야

금은준마 대도상에 왕래하던 호걸귀야

만첩청산 심곡중에 벌목하던 목신귀야

천가만가 대문전에 걸식하던 기사귀야

장림초로 수풀속에 독사물려 남사귀야

월음심심 야삼경에 복통하던 해산귀야

홍로점설 화염중에 불타죽은 화사귀야

추야래귀 사창전에 임그리든 정부귀야

살인도적 범죄되야 종신형옥 옥사귀야

금잔옥배 벌려놓고 매주하던 기녀귀야

만경창과 대해중에 거래하든 사공귀야

오릉촉백 금전놓고 박물하던 전화귀야
양유청청 록음중에 헌화하던 촉각귀야
만리타국 풍진중에 선봉대장 군웅귀야
총에맞아 탄자귀야 칼에맞아 검사귀야
혼인취가 거래시에 딸아들은 전래귀야
심산유곡 정결처에 위로받던 산신귀야
미실미혼 미가귀야 무자무손 무주귀야
각리각동 삼가리에 수구메기 선황귀야
십일불식 기사귀야 약인방자 조축귀야
천리타향 도로상에 왕래하던 객사귀야

오작망사 편복귀야 삼형팔괘 급사귀야

비몽사몽 야몽중에 괴이한꿈 요사귀야

오매망량 요망귀야 요사귀야

월백설백 천지백에 얼어죽은 동사귀야

동성이성 친척간에 여형여제 줄매귀야

충암절벽 석괴상에 굴러죽은 급사귀야

백년가약 좋은인연 생리사별 원혼귀야

청사원수진군 육정육갑제대신장 오방령신사

자 동방청제사자 남방적제사자 서방백제사자

북방흑제사자 중앙황제사자 각솔기병하야 황혼

불거 남녀지귀 요악유독남녀지귀 무죄인생침책
귀 병인병자 「모생모성」을 침노침책하는 남녀
귀를 결박촉내하여 대도요참하되 풍토지옥 도
산지옥 암흑지옥 백호지옥 목탄지옥 황천지옥
금사지옥 토사지옥 수지풍토 황천옥에 촉수멸
망이면 억만년을 불출세상하리라

급급여율령

5 옥추경

청조는발령 천상신장대장신 지하신장대장신

오방신장대장신　사해신장대장　갑진신장대장신

갑오신장대장신　갑신신장대장신　을유신장대장신

육병신장대장신　육정신장대장신　육무신장대장신

육계신장대장신　육경신장대장신　육정신장대장신

육신신장대장신　육임신장대장신　육천뇌공대장신

오방뇌로대장신　팔만운뢰대장신　오방만뢰대장신

뢰부총명대장신　만적도반관뢰사　호사진성인

소거백마대장신　진조병역태현신　항구이언대장신

봉내창수사자　뢰정도청판　상경도원수

오방영진대장신　동해안명대장신　남해충육대장신

서해거하대장신 북해우잠대장신 공조태중대장신

천강태을대장신 숭광소길대장신 전충종괴대장신

하피득병대장신 신후대길대장신 동방청제대장신

남방적제대장신 서방백제대장신 북방흑제대장신

중앙황제대장신 삼십육도대장신

섭일만지일역 일직사자 월직사자 태양성군 태음

성군 나후계도 삼나산 이십팔숙성군 천지수부

삼파성사 원사진군 천사섭사방신장 자수집인놈

일시저회 영사침해지 제악귀신등 급급결박 차

내루함소멸 일획직천지진동 서 신금미획적 작

천진동 신금산휘 직요사풍화신 금호 휘덕원귀

여잡귀등을 풍멸나호 행해성수 백천귀신등 장

구파환 당화자신 파악장신 순아자창 역아자흥

금일육귀 불태방소구여이 좌청룡피안병 우백호

피호랑 남주작피구설 북현무파질병 신행귀신 만

만길일 속거천리

옴 급급여률령 사바하

6 영통문

○십대주문 : 영통을 하고저 하는자는 먼저 제단을 만든후에

분향재배하고 십대주문을 독송하고 나서 각기

해당 경문으로 기도하느니라

○ 오 방 주

동방에청제장군 청제신장내조아 남방에적제장군
적제신장내조아 서방에백제장군 백제신장내조아
북방에흑제장군 흑제신장내조아 중앙에황제장군
황제신장내조아

○ 소토지신주

근청 차간토지신 자세수파 수화문 왕래대로
수아주 불어 투루아형적 오봉태산노군
급급여률령

○**구 신 주**

복차왈 길시간 천지개창 당공결좌 하시고 분

향 천지신명 재천이라 등운가려 재궁하시고 리

궁재전이니 설전향연은 의당이라 고로 청신하

읍건데 산신지좌하하사 역좌남래 하시고 서래

서좌하시고 무사불감란청 도차래 령수령수이라

향연충기 신도만리 유사통청 전가화룡호 유차

성령주 만마함수 태상려제준 급급여률령

○**신 도 경**

신성대제 태을현수 어아강설범위 령극함근 태

상혼포 일심오기정 중유달합 위몽경 전가복룡

호 유차성령주 만마함속수 태상려제군

급급여 율령

○ 청 신 주

간간간각 간간식부 광충 금충 금충금

○ 안 신 주

천하안병 팔패지정 섭도신장 문주속지 백사

통령 무사불보 부득위령

오봉 구천현녀 율령

○추 신 주

천지령광 지지정광 일월휘광 원작성광 비부상

주급강 아아방 오봉태산노군 급급여율령 칙음굉

○명 이 주

오봉태산노군 급급여율령 음굉

산유산상슈해유 해중차오룡 질타가 음굉

○개 후 주

적산 동적산 동칠칠정 구구성

오봉 태산노군 급급여율령 칙음 굉

육부 사십사만신장 섭이신장 좌부마원수 우
부관원수 백마장군 수운장군 뢰공장군 율뢰장군
임대장군 태을신장 육경육갑신장등은 갑갑갑주
옴 급급여 율령

○ 신명 축원문

허궁천하 비비천하 삼만은 도리천하 올려달
라 삼십칠관 네려달라 이십팔관 하늘이 마련된
후 땅이 마련되야 천상에 옥황상제 일월성신 북

두대성 칠원성군 삼불제석 나게시고 땅이 마련
되야 팔도명산 산신국사 도사신령 나게시고 천
룡지신 사해용왕이 나게시고 사생자부 시아본
사 석가모니 나계시와 인간절처 봉생이 화기하
니 각위 천하장군 지하장군 각성장군과 각성별
성이 나시와 천상옥황사자 도청대장 소거백마
신장과 이십팔만신장과 십이신장과 오방신장나
게시와 축천축지 이산역수 호풍하는 흥운장내
변화가 무극커늘 천하대신 지하대신 통감 하실
적에 호호칭칭 맺힌마음 춘설같이 풀어주고 태

산같이 맺힌마음 일월같이 풀으시고 란초같이

맺힌마음 초록같이 풀으시고 령신제자 모성인양

어깨에 듬뿍실어 서기줄도 네리시고 명기줄도

네리시여 흐린정신 제쳐놓고 맑은정신 돌려내

여 말문도 열어주고 글문도 네려주고 온갖 조

화 신령력을 골고루 네려주사 상통천문 하달지

리 명견만리 주유천하 인간화복 길흉사를 무불

통달 하게하사 억조창생 만인간을 구제중생케

하옵소서

옴 급급여율령 사바하

상제강령 호풍대도술 천지조화 호령일신 일

신속기 자력신 령통광명세대각 팔문이 통도신

력 상하 통명만사치 사통개문통정신 좌불능견

관천지 일관천지도통신 만물창생 일시화 만신

장감응 속부오신영 오영결 일체신 룡화천지해

인조화 천지일월성신 일체감응하소서

천지일월성신무궁무궁조화정 상제강령

안이 통명양신 가사위신 호신호분 신인신시 신

속개

단원사신 년액령하통신 토기장군 옴 급급여율

령 사바하

천문지리 풍운조화 육정육갑 사령신

○ 풍운조화 도통문 (태을보신경을 독송한후에 송하라)

○ 소 문 경

자아건곤불령안　　　정대일월불만심

운우뢰공장채리　　　우사풍백향기연

남극태상삼기연　　　불두성변채화계

순상행식행적선　　　무진성해본재신

군우창명기반척 화토금수제일권
정신차야웅유후 인간타진적명회
부반순위보미공 아장선례임귀사
자미문호별군신

○ **천 신 주**

천지초판하니 이기초분야라 건곤팔괘 사상오
행지운야라 성상생으로 정겁상정으로 신강하나
니 천지오정으로 만화무궁하고 육입선신 응유
러라 이시에 아미산에 백유공선사 태라산엔

황석공선사라 옥화산엔 이수강천공사

석암산에 첨성자여 자봉산엔 왕해공이라 청

류동에는 삼화진인이 세간동유 조화니라

○ **설경 봉청 천신강응주**

칙첩 등세지 복희 신농 황제 주역 문황 주공

선생지야는 천성공자 무략성왕야라 귀곡선사

황석공 이수강천공사 손무자선생 손빈선생 청

우거사동방삭 마의 곽박선생 동화제군선생 소

강절조공사 온주노선생 도덕선생 이천에는 정

선생 호선생 주역괘중의 전전후고역대조사 이
보신부 조본선사 구궁팔괘신군 육십화 갑자신
군 육갑육정신장 천의신군 천리만리보사 상오방
동자 년월일시 사치 공조사자 수호단계 호전금
궐 옥황상제 대성북두 신수상제 남극인사 자생
부모 사화형시방 봉심삼계 부액구고 대자대비
원언이라 대성대자구천응원 뇌성보화천존 태
조자미상궁 주천어극 구오중존 일궁월궁 사요
오성 남진북두 천강천성 주천세계 삼백육십오
경도 백만천화 성진운통 음양망요 천성왕 북두

자미대제 혼원대천교주 수진오도 제도중생하시

고 소재제장하소서

팔십이화 삼원도총관 구천유변사 좌천강 북극

우항대장군 진천조순 진무령응 복덕행경하소서

인자정열 협운진군 치세복신 옥허사장 현천상제

금궐화신 혼마천존 상원일품 천관자미 중원이품

지관 동음대제 삼원주제 삼원육십 응위헌존 수

련팔극 육갑신장 오방강진기 인의영신 조강림

하소서 백겹당당 삼원신 공허만리 안동명 무재

무장영보 도심 수천의종 자성위위 고좌단로 작

증용후

귀의 무극대로 내오즉현

옴 급급여율령 사바하

○ **영통축원문** (신통제자가 타인의 영을 받게 하고저 발원하는 축원문)

모주소 모도량 모생 모성인이

모주소 거주 모생 모성인으로 축수요

금의 태세 모년 모월 모일이 온데 모인 좌우

조상님은 합의동심 하옵소서 청궁불사 일월불사

사해로는 용궁불사 옥천대사 시중불사 미륵존여

래불 석가세존 약사여래 관세음보살 나반존사 북두칠성 서두칠성 남두칠성 동두칠성 사해로는 용궁칠성 산왕대신 화엄성중 동진보살 삼주호법 제신장 천하신장 동방에 청제신장 남방에 적 위타천존 서방에 백제신장 북방에 흑제신장 중앙 에 황제신장 이십팔수제대신장 육정육갑제대신 장 청의동자 홍의동자 백의동자 혹의동자 황의 동자 법승동자 조왕대신 팔대신장 성조대신 후 토부인 좌우조상님은 모씨불사 모성인에게 일 시에 강림하소서 소원성취 내리소서

○정구업진언

수리 수리 마하수리 수수리 사바하

○오방내외 안위제신진언

나무 사만다 못다남 옴 도로도로 지미 사바하

○개법장진언

옴 아라남 아라다

나무상주시방불 나무상주시방법 나무상주시방승

○정삼업진언

옴 사바바바 수다살바 달마 사바바바 수도함

○건단진언

옴 난타난타 나지나지 난타바리 사바하

○ **정법계진언**

나자색선백 공점이엄지 여피개명주

치지정상 진언동법계 무량중죄제 일체촉예처

당가차자문 나무·사만다 못다남 남

선신은 뜻없이 왔다가 불법에 끼여드는 이부

담이 많으시면 고혼청을 불러드릴까요

※ 육갑해원경을 독송한다

○ **신장청문(신장풀이)**

복청 복위 신농 황제 요순우탕 문무주공 공

명 안정자사 오대부 제성현급 대성 문성왕여어

구천현녀 손빈 귀곡선생 보사엄중 제갈무후 곽

박 이순풍원천강 진희리 정명도 이천 소강절 강

태공 주위암륙산신 유운장 마의도사 괘괘 도사

자 재위선생님 축천축지 전마후구 안순풍이 하

소서 도탁대신 원상용 남악대신 당영치 서악대

신 호무주 정해정 북악대신 토우수 중악대신 수

일군 청도청맹 지도안정 팔도 허령상제 일체실

내삽장 등신장수 필마오망 천상황천 청조신장

천상옥경 태을신장 상하변국 뇌성병력신장 좌

보처마원수신장 우보처관원수신장 육정육갑 둔

갑신장 태극 두팔모신장 천만요귀 간수신장 모

질악귀 금단신장 오백년간 득행신장 가마미성

조래신장 조화상하판관 뇌성병력신장 을망옥상

기묘신장 삼산추추 맹호신장 리매망량 회초신장

병율삼마 건멸신장 삼천상하 도원수 진신뇌악

대장군 좌보처마관원수 우보처 마발원수 천지

조화 풍운신장 음양오행 가내신장 삼태육성제

대신장 천상천하 충돌장군 사해천재변신장 천

지신명팔양신장 광본태세 본명신장 대성북두 칠

원성군신장 보화천존옥추신장 옥부삼십삼만신

장 시여신장 인원신장 팔만사천제대신장 오방

신장 동방갑을청룡신장 남방병신백제신장 북방

임계현무장군 중앙무기황제장군 신후대길자축

장군 공조태충인묘장군 천광태을진사장군 풍송

소길오미장군 전송종괴신유장군 하괴등명술해

장군 섭이월대장군신 태을진연 일월신장 오방

제위영성장군 천상하강 육무육을 육병육정 육

무육기 육경육신 육임육계 제대신장 속속 강림

하소서 동방신장 장원수 각항저방 심미기 남방

신장 관원수 두우여허위실벽 서방신장마원수 규루위모필채삼 북방신장조선단 정규류성 장익진 중앙신장 황연관 토신조화 동심일시 내님하시고 속속 강림도량 하옵소서

○ **영통제자 축원문**

제불제천 제대신령님은 령신제자에게 실려주실적에 신명내려 영신제자를 도와주실적에 세상만사를 무불통지 시키시려고 신명의 현조가 정성하신고로 지지한령신이 분명하신고로 옥황

상제 구봉단에 명령을 받아 옥경대를 하직하고
칠성단에 헌신하고 월봉산에 납포하야 제세인
간 자제중생 생활인간 공덕조화 통신하라 하고
차세상에 도착하야 사구령신당으로 불원천리하
고 내림하올적에 오악명산 신령님께 헌신하고
사해룡왕님전에 령명하고 명천시왕전에 봉성하
고 팔대금강 사대보살 삼령세존은 불전에 명령
을 받으시고 일구 구궁수르 하도낙서법과 팔팔
은 육십사괘로 천문지리 풍운조화 부러운 법과
삼백육십사괘로 중찰인간 길흉화복 변화무궁

신기한법을 사여인 령신제자 현신 시키려고 명
산대천 찾아나와 수다한 산을 넘어 약수라 삼
천리를 바삐건너 명산 신령님의 명령을받아 성
왕신명께 움물 물고 동명물고 가신에게 신의제
자 성명과 집을물어 찾아서 나올적에 백두산을
바삐넘어 강원도 금강산 일만 이천봉이며 팔도
강산을 구경하고 수다한 인생사중 구생인간소
원성취 시키려고 령신제자 집을 찾아 바라보니
좌청룡이 높았으니 복록창성 할것이요 우백호가
나즉하니 삼재팔난 막아내고 남주작이 찹찹하니

자손창성 할것이요 북현무가 높았으니 장수고귀
할것이요 동으로 바라보니 창고사가 열렸으니
효자 열녀 충신 날것이요 남으로 바라보니 노
송반죽 염염중에 귀수봉이 비쳤으니 부귀장수
할것이요 서편을 바라보니 모란 작약 봉접화는
운무중에 싸여있고 병정봉이 높았으니 일자 문
무가 제일이라 가내가정을 구경하고 샛별같은
별초당에 해달같은 저초획에 지지한 령신 부처
놓고 제자몸을 위하야 통신통령 하올적에 청산
류수 흐르는 물결같이 계명산 추야월에 옥통수

를 부난듯이 제자 귀에 쟁쟁하니 산천초목 련
화중에 앵무공작 길가듯이 단상의 봉황새가 죽
순을 입에물고 오동지상을 너나는듯 화통하고
신기하다 령신통령 아니시며 신명소정 아니시
리까 령신은 안정하고 요귀는 자멸하라 선혈하
고 분명한 저소리에 흐르는 충명은 접어넣고 오
장육부 개량시켜 불사약으로 단을 모아 불노초
를 손에들고 원력돕고 신명내려 험담 빈말 제
처놓고 원형리정으로 뜻을두고 ᄂ별을열어 말을
하니 신출귀몰 아니시던가 령신제자 분명커든

원사강림 하실적에 어렵다고 말으시고 법사님의
축원받아 이산석에 놀아볼제 시중천자 이태백은
채석장 놀아있고 적벽강 추야월에 소자첩이 놀
아있고 만경대 구름속엔 학선이 풍월하고 옥경
대 높은루대 선관선녀 놀아있고 봉래산 구름속
엔 신선 선녀 하강하듯 영주봉래 아니여든 신
선오기 만사하고 청운집 아니여든 귀신있기 만
무하고 신위제자 령신당으로 좌정하신 좌우신
명과 령신제자 분명하거든 일동 일정으로 놀아
볼제 저녁 아침 늦은안개 끼여있고 록수청산 저

문날에 청색은 화류동풍 불어 있네 물을보니 은
하수요 산을보니 청산이라 경계잠간 들어보니
예가 바로 옥경이라 옥경이 분명하거든 월하에
은하수가 없을소냐 채석강 깊은물은 소동파 놀
아있고 금강산 제일봉엔 오방신장 놀아있고 양
류 높은집엔 두잠안 놀아있고 야월공산 두견새
는 사면팔방 놀아있고 불숭청혼 저기러기 소상
강에 놀아있고 령산홍록 봄바람에 넘노나니 호
접이라 좌우령신 통령받아 령신제자로다 충암
절벽 높은 바위 바람분들 무너지며 청숭 녹죽

굳은절개 눈비온들 변할소냐 구구팔십일 광노
란 연파를 찾아가고 팔구칠십이 이적선은 채석
강 완월하고 칠구육십삼 소동파는 한사공 자세
하고 육구오십사는 사호선생이 바둑두고 오구
사십오는 은성에 좌계하고 사구삼십륙 은수부
는 보국충신 절약되고 삼구이십칠 조패성에 패
별되고 이구십팔 팔진도는 제갈량의 진법이요
일구 구궁수는 하도낙서 아니던가
삼국시절에 와룡선생이 돌아가셨으니 사룬거
백우선과 남양초당을 어느 누구에다 전장하며

한수정후 관운장군 돌아가셨으니 팔십이근 청룡언월도를 어느 누구에게 전장하며 진시황제 돌아가셨으니 만리장성 아방궁을 어느 누구에게 전장하랴 고려함을 일전일을 전장할곳 전혀 없네 모든 인생 다버리고 모성인 제자에게 전장하였으니 상통천문하고 중찰인간하고 하찰지리하여 풍운조화 변화무궁하야 팔도 각읍 소문나고 높은 이름은 사해에 진동하고 억조창생인생들에게 꽃으로 보이고 잎으로 보여 활인공덕 시키려고 신위제자 생겼으니 소원성취 하옵소서

○ 세 존 경

적막천지 진무중생 태을선향 열십세존 인간보살
백천세계 천지인간 인물세존 능멸천재 성취만덕
치성광여래 세존산신 적불인도 세존금관음 금
세존 신관음신세존 특수만민하고 탁수 여양하
다 천지우탁 어비중풍 내합비용 부천일월은 내
외만물이라 세상인물은 세존님중 부귀기불되지
위천측 천수륵 만대아가정 밝히시고 일체중좌
하옵소서 동방을 출입하시던 세존 천왕씨 시절

에 석가여래 약사여래 불세존 석가 삼석가 관

음 삼관음 미륵삼미륵 삼부처여래 삼여래 자아

삼지아 세계 삼세계로소이다 천왕세계는 지왕

세계요 인왕세계는 상세계로소이다 시무 상두

지세존 혜수관음법 부리든세존 상납세존 중납

세존 물미래 금천자 물후 위주천자 해도연변의

주연태자 상대필마 은대필마 은대자 조객다단

목숙 베열숙 잡아다니든 신존신위 안정부귀 하

신후에 구곡은 가라내고 신곡신상 가라받든 세

존신위 은갑인 사월초팔일사시에 도천지 하야

비수금 드는칼로 발금삭발 위숭하야 삭발은 도
신세라 수염은 표장부라 절은 대자대비 산은
게용산체 둘러입고 석자세치 로봉지어입고 심
산심곡 험한곳에 절경찾아들어 금랑가사 착복
하야 야구장삼 둘러입고 시왕전에 버려놓고 낮
이면 천수경 밤이면 법화경 충신경 양자살랑경
봉우유신경 도통하시든 세존님이 일체증좌하옵
소서

7 퇴숭문

○ 정 신 퇴 송 문

수화상탕분건곤 대우정렬만상 팔익시방각유

계령정신동활 천지대로 일기만엽 이기주경합

왕복 성공혁조제토신 오행종령양만물 사생육조

설음양 형유지령령귀신 업풍취토귀요란

하계군생침륜회 마양음도간작설

적입보장매천리 오형산란변만신

리매망양회무변 뇌성일진옥추부

자미신령입삼매 사십팔장강마일

타파강륜포사정

흉예소탕일월청

시위요신제만겁

청룡백호불이방

음사요얼수철위

오악귀졸화미진

지중음귀각정로

칠십이지신위력

군생안락영태평

삼십육궁도춘광

오방신장렬리번

산신방지문송경

칠요구원혼백안

천관률령막감위

삼계마왕속수장

파순살귀귀성익

삼십육천뢰률령

십공허공은미진

여라일월호건곤

유정무정환선락

척거망령뢰본제

진토찰라유리계

사십팔장종부도

오도팔방신안녕

백호지신귀서방

현무지신치북방

보우중앙호인도

주신야신귀일월

오화오장신수정

각솔신병안방위

보화천존섭호령

군성망령등상천

산왕호산신수중

청룡지신원동방

주작지신정남방

구진등사음양승

양신상승음신하

이환명당신안녕

동신정신준법도

주왈오봉

구천응원뇌성보화천존률령 뒨언쟁산병박라사바

하

○축염미주

배청본사위 오축염미조사위 오축염미 칠조선

사위 오축염미옥녀위 오축염미 염화동종 미화

철자 흉신악살광귀천리거 천살귀 천리거 지살

지당흉신악살 공귀서방압송 퇴신출외방신병신

장화

급급여율령(세번)

산천천청하토　산지지령하토　산신신령하토

산인인장생하토　산흉신악살　진주출외행하토

산과동토신토살　주공공하토　산락남방토신살

주락남하토　산과서　토살　불감래하토　산상북　상

신토살　주상북하토　산중앙　토신살　주광　광하토

염미청청산　토신살과외항하토　염미홍홍산　토신

살주거　심인하토　염미백백산　토신토살과외택하

토　염미혹혹산　토신토살　과외부하토　염미황황

산 토신토살괴 의원하토 염미일송 송출 청하토
이 송송출정하토 삼송송로상주하토 사송로상행
하토 속거천리
옴 급급여율령 사바하 ※염미반 상하사방 향천하며 퇴송한다

○ **뒤영산풀이**

산에 올라 호랑령산 거리로변에 객사령산 약
을먹고 죽은령산 목을매여 죽은령산 물에빠져
수사령산 총에맞아 죽은령산 포탄맞어 죽은령
산 칼에찔려 죽은령산 말에떨어져 죽은령산 소

바쳐죽은령산 기차 자동차에 깔려죽은 령산 다
리에 떨어져 죽은령산 기계사고 죽은령산 산사
길에 가신령산 추야장 긴긴밤에 임그리던 상사
령산 엄동설한 모 진추위 얼어죽고 굶어죽은 령
산 일락서산 사발들고 거적자리 옆에끼고 청치
마 휘여잡고 불에화탈 신에화탈도 령산이요 왕
산 문령산에 내상문령산이요 품에들어 달래든
령산에 보채든령산에 아혼아홉령산에 쉰삼명댓
습인가 상관되하루연이 양지법취좀에 원단은
말뚝에 날고기소고기 병전에나전받고 고픈배불

러가고 마른목적 시여가고 대수대명 받아가고

정성덕얼혀주소서

옴 마니밤메흠(세번)

8 불설광본태세신왕경

여시아문 일시불 주사위국 기수급 고독원 여

대비구중 천이백오십인구 이시 불고사리불 아

난 급무량 제대보살 마하살 제대제자 범석사왕

제대성중 여등지기 옹호차경 약유인자 수지차경

독송존중 예배공양 시인 일체소원 무불성취 약

인 수유십악오역 무량미진 중죄번뇌 독송차경

실개소멸 부유중병 독송차경 제천신왕 사왕팔부

여기권속 개예기처 불리수호 시인무량 장수안온

약의차경 여법독송 여이문자 현세이제재환 미래

득성불도 이시욕선 차의 이설신명

남무대세삼세일체제불

남무대세삼세일체제승

남무대세대자재천왕

남무대세도솔천왕

남무대세제석천왕

남무대세삼세일체제법

남무대세상방대범천왕

남무대세화락천왕

남무대세야마천왕

남무대세아수륜천왕

남무대세제두뇌탁천왕
남무대세비로늑차천왕
남무대세비로박차천왕
남무대세비사문천왕
남무대세하방전륜성왕
남무대세일천자왕
남무대세월천자왕
남무대세대변천왕
남무대세공덕천왕
남무대세산지대장군신왕
남무대세지신견뢰신왕
남무대세이십팔부제천신왕
남무대세금중늑차일백성신
남무대세토중늑차이혹성신
남무대세수난늑차삼벽성신

남무대세계두능차사록성신
남무대세중궁능차오황성신
남무대세석암능차육백성신
남무대세화난능차칠적성신
남무대세풍중능차팔백성신
남무대세목중능차구자성신
남무대세고난원리상태성신
남무대세장난원리중태성신
남무대세엽장소제하태성신
남무대세동방세성토공왕신

남무대세남방형흑성토공왕신

남무대세서방태백성토공왕신

남무대세북방진성토공왕신

남무대세중앙진성토공왕신

남무대세자손만덕탐랑성신

남무대세장난원리거문성신

남무대세업장소제녹존성신

남무대세소구개득문곡성신

남무대세백장진멸염정성신

남무대세복지구족무곡성신

남무대세수명장원파군성신

남무대세이십팔부제성신

남무대세동방청제용왕대장군신

남무대세남방적제용왕대장군신

남무대세서방백제용왕대장군신

남무대세북방흑제용왕대장군신

남무대세중앙황제용왕대장군신

남무대세동방청궁대장군신

남무대세남방적궁대장군신

남무대세서방백궁대장군신

남무대세북방흑궁대장군신

남무대세중앙황궁대장군신

남무대세오제천대장군신

남무대세오행천대장군신

남무대세태음천대장군신

남무대세태양천대장군신

남무대세궁비라대장군신

남무대세발절라대장군신

남무대세미기라대장군신

남무대세안저라대장군신

남무대세알니라대장군신
남무대세산저라대장군신
남무대세인달라대장군신
남무대세파이라대장군신
남무대세마후라대장군신
남무대세진달라대장군신
남무대세초두라대장군신
남무대세비갈라대장군신
남무대세칠천나차대장군신
남무대세동방천대장군신

남무대세남방천대장군신

남무대세서방천대장군신

남무대세북방천대장군신

남무대세중앙천대장군신

남무대세당천대장군신

남무대세우루비라귀신

남무대세구반다귀신

남무대세택신노서편복귀신

남무대세산신망사귀신

남무대세동래귀신

남무대세광천대장군신

남무대세비가라귀신

남무대세토지호리귀신

남무대세복갈귀신

남무대세천신마야귀신

남무대세남래귀신

남무대세서래귀신

남무대세동남래귀신

남무대세서북래귀신

남무대세상방비귀신

남무대세천왕귀신

남무대세산신귀신

남무대세사명사록신귀

남무대세오방행병신귀

남무대세승신귀

남무대세여신귀

남무대세북래귀신

남무대세서남래귀신

남무대세동북래귀신

남무대세하방도주귀신

남무대세지신귀신

남무대세수신귀신

남무대세대산부군신귀

남무대세염라왕신귀

남무대세이신귀

남무대세탈인정기신귀

남무대세환인혼신귀

남무대세탈인혼신귀

남무대세악안독정신귀

남무대세입인두중귀

남무대세입인이중귀

남무대세입인비중귀

남무대세입인구중귀

남무대세입인섭지중귀

남무대세입인수각중귀

남무대세입인간심오장중귀

남무대세입인백절중귀

남무대세적색귀

남무대세청색귀

남무대세적색귀

남무대세백색귀

남무대세흑색귀

남무대세황색귀

남무대세파가택신귀

남무대세조상귀

남무대세선동자신
남무대세대세신
남무대세광진왕신
남무대세용진왕신
남무대세현진왕신
남무대세적복왕신
남무대세월공왕신
남무대세천애왕신
남무대세금귀왕신
남무대세명당왕신

남무대세악동자신
남무대세대장군신
남무대세달진왕신
남무대세일광왕신
남무대세진복왕신
남무대세월덕왕신
남무대세가부왕신
남무대세모창왕신
남무대세대덕왕신
남무대세옥당왕신

남무대세천형왕신
남무대세불수왕신
남무대세대길왕신
남무대세태충왕신
남무대세태일왕신
남무대세소길왕신
남무대세종괴왕신
남무대세징명왕신
남무대세삼세일체성왕신
남무대세사근리용왕

남무대세천공왕신
남무대세신후왕신
남무대세공조왕신
남무대세천강왕신
남무대세승선왕신
남무대세전송왕신
남무대세천괴왕신
남무대세삼세일체천왕신
남무대세대선용왕
남무대세월개용왕

남무대세원목용왕

남무대세지백용왕

남무대세수미산용왕

남무대세가류타용왕

남무대세선산용왕

남무대세대제용왕

남무대세월금산용왕

남무대세팔공덕수용왕

남무대세팔제용왕

남무대세난초반심용왕

남무대세자금산용왕

남무대세칠금산용왕

남무대세마하파선용왕

남무대세노부파선용왕

남무대세태용왕

남무대세이유산용왕

남무대세아누달용왕

남무대세군신용왕

남무대세선중용왕

남무대세정목용왕

남무대세풍심용왕

남무대세후제용왕

남무대세야파말제용왕

남무대세선금산용왕

남무대세징사용왕

남무대세수화용왕

남무대세가류용왕

남무대세정금용왕

남무대세대마칠용왕

남무대세근지용왕

남무대세비류용왕

남무대세유산용왕

남무대세자칠용왕

남무대세주적용왕

남무대세청정용왕

남무대세수금용왕

남무대세적반용왕

남무대세광수용왕

남무대세진백용왕

남무대세보상용왕

남무대세형수용왕

남무대세공덕천화림용왕

남무대세수섭용왕

남무대세세살신

남무대세황번신

남무대세천관신

남무대세세덕신

남무대세월건신

남무대세월공신

남무대세화경용왕

남무대세지사갑용왕

남무대세목적용왕

남무대세세형신

남무대세세파신

남무대세표미신

남무대세세염신

남무대세천덕신

남무대세월덕신

남무대세월합신

남무대세월살신
남무대세천살신
남무대세인살신
남무대세청룡신
남무대세백호신
남무대세구진신
남무대세도지신
남무대세복룡신
남무대세동지신
남무대세서지신

남무대세일살신
남무대세지살신
남무대세겁살신
남무대세주작신
남무대세현무신
남무대세현관신
남무대세토공신
남무대세등사신
남무대세남지신
남무대세북지신

나무대세중지신
나무대세연주토공신
나무대세일주토공신
나무대세석목신
나무대세악산신
나무대세설룡신
나무대세사도신
나무대세상하신
나무대세화택신
나무대세수택신

나무대세오행신
나무대세월주토공신
나무대세시주토공신
나무대세수륙신
나무대세구야신
나무대세사해신
나무대세사방신
나무대세목택신
나무대세금택신
나무대세토택신

나무대세해중신
나무대세정중신
나무대세호중신
나무대세조중신
나무대세침중신
나무대세택좌신
나무대세택남신
나무대세택북신
나무대세가왕부모이익신
나무대세신자신녀신

나무대세하중신
나무대세도중신
나무대세문중신
나무대세정중신
나무대세난중신
나무대세청측신
나무대세택우신
나무대세문리호백신
나무대세사중팔신
나무대세세전신

나무대세세후신

나무대세세위신

나무대세천탄신

나무대세지탄신

나무대세일탄신

나무대세십이지신

나무대세사시오행신

나무대세당상방중신

나무대세본명신

나무대세절체신

나무대세세대신

나무대세세탄신

나무대세인탄신

나무대세월탄신

나무대세시탄신

나무대세육갑귀신

나무대세십이금기신

나무대세행년직신

나무대세절명신

나무대세화해신

남무대세팔괘신

남무대세사악귀신

남무대세지전신

남무대세혹왕신

남무대세제왕신

남무대세제룡신

남무대세이매귀신

남무대세야택잡룡신

남무대세행병신

남무대세택룡신

남무대세옥택신

남무대세제귀신

남무대세제선신

남무대세망량귀신

남무대세산정첩귀신

불고 아난아 멸도후 오탁악세중 약유중생 이사

동토유범죄 위일백태세 세파십이신 여설독송

차경 사왕팔만사천 제귀신등 불리옹호 천장백해

일시소멸 가부인홍 연년익수 복덕구족 선남자

약독차경 일천권 제악귀신 개실소멸 병즉제유

신강역족 이제고뇌 병득복리 불설차경시 사리

불아난 제대제자 무량 제대보살 범석 사왕 일

체 신왕 문불소설 개대환희 신수봉행 작례이거

⑨ 신심경

지도무난 유혐간택 단막증애 통연명백

호리유차 천지현격 용득현전 막존순역

위순상쟁 시위심병 불식현지 도로염정
원동태허 무흠무여 양유취사 소이불여
막축유연 물주공인 일종평회 민연자진
지동귀지 지갱미동 유체양변 영지일종
일종불통 양처실공 견유몰유 종공배공
다언다려 전불상응 절언절려 무처불통
귀근득지 수조실종 수유반조 승각전공
전공전변 개유망견 불용구진 유수식견
이견부주 신막추심 재유시비 분연실심
이유일유 일역막수 일심불생 만법무구

무구무법
불생불심
능수경멸
경축능침

능유경능
경유능경
욕지양단
원시일공

일공동량
제함만상
불견정추
영유편당

대도체관
무이무난
소견호의
전급전지

집지실도
필입사로
방지자연
체무거주

임성합도
소요절뇌
계념괴진
혼침불호

불호노신
하용소친
욕취일승
물오육진

육진불오
환동정각
지자무위
우인자박

법무이법
망자애착
장심용심
기비대착

미생적란
오무호오
일체이변
양유짐작

몽환공화 하로파착 득실시비 일시방각

안약불수 제몽자제 심약불이 만법일여

일여체현 올이망연 지동무동 귀복자연

민기소이 불가방비 만법제관 동지무지

양기불성 일하유이 구경궁극 부존궤칙

계심평등 소작구식 호의정진 정신조직

일체불류 무가기억 허명자조 불로심력

비사량처 식정난측 진여법계 무타무자

요급상응 유언불이 불이개동 무불포용

시방지자 개입차종 종비촉연 일념만년

무재부재　시방목전　극소동대　망절경계

극대동소　불견변표　유즉시무　무즉시유

약불여차　불필수수　일즉일체　일체즉일

단능여시　하려불필　신심불이　불이신심

언어도단　비거래금

⑩ 불설밀교비전

○ 악귀병소멸주

지란뇌야통달현　연마질루견정당

예화무과지대지　구두마혜최상승

차타이차구건행

희지희지세력강

란두우란길안녕

○ **독기병제거법**

니타반늬스승피

마가만나사장구

구나제노길정안

구미제도법주술

니발산늬심적멸

누타리나효요도

구나제타허공주

○ **객귀소멸법**

반나파제정용건

사라파제구세자

사외가라늬사행　니지루연멸사상

파라반영위령지　희란담기여강해

금라이두불외병

○ 사악한무리 퇴치법

미율두주타나　무율두위타리

미율두파라니　미율두사라나

미율두아가데　미율두아가사

○ 전염병 괴질 퇴치법

미율두불나바　미율두바하바

미율두파라파　미율두전다라

미율두다리사

○ **금수독충 제거법**

아파다이혜무궁　교지세야단제결

마리마라주정신　아니리이적재시

파니리이불사원　아휴라미제구예

아도마리성신독

○ **수화재면액법**

사리마하사리　사라니우카모카

사파제아치환지　나지구나제파나제
제아사라파제　아나파제파나제

○ **도적자퇴법**
모가니오라니　모타타　제차피두마일
만타니나다마니　사마니마하니라

○ **재산보호법**
사나아리선위광　기라사두사업득
늑가설루제번뇌　마차타리보천위
라모노차개정도　번가노차력견고

아리노황이재취

○ **관재제거법**

원아노차제포구 유사라차초출난

승가타다부천지 차라낙가자무외

둔두리가덕억산 나유사니사무외

○ **원수화해법**

화기라환견부동 마니발라연창음

아파제리희무구 팜무리라혁엄식

건타니우견주행 구마파라청정명

마가사이월제란

○**위험을 느낄때**

미율두가파제　미율두불약리

미율두필사가　미율두가랜다

미율두파사차

※밀교비전은 선가의 비밀주로써 해당 주문을 부작하여 금랑에 넣거나 계속 송경하면 재난을 방지하고 복록을 누린다

11 부작법

『부작을 사봉할 때에는 상중인과 남녀합방관 寫奉 喪中人 男女合房關 係계를 피하여야한다.』

부작을 사용할 시는 괴황지에 경면주사로 사 槐黃紙 鏡面朱砂 寫

하나님을 묵상하며 위 주문을 앙치삼칠편 송한
黙想　呪文　叩齒三七遍誦

후에 해당경을 송경하라.
後　該當經　誦經

괴황지
槐黃紙
느티나무·해나무(정자나무) 열매로 만든 누런 물감으로 물들인 조선 종이다.

앙치삼칠편
叩齒三七遍
이를 마주치며 세번이나 일곱번 또는 스물한번 외우라.

경면주사
鏡面朱砂
中國의 깊은 섬중 鏡面山 꼭대기에서 나는 丹砂·일설은 깊은 섬중에 많이 있는 원숭이에게 술을 많이 먹인 후에는 사람 수 十名이 석전을 벌여서 원숭이로 하여금응전케하여 경면산정의 주석을 얻는다. 이것이 鏡面朱砂이다.

○부작살라먹는 법 (팔만대장경에서 나온 말씀)

正月初一日 二月初三日 五月初九日에는 대중이

서쪽을 향해서 나무 아미타불을 천번이나 혹 만번을 염불한 후에 다시 觀世音四十二手呪文 옴 바아라 바다라 훔 바탁 이 주문 백 여덟번을 외운다음에 부작을 살라서 탕기물에 타서 먹은즉 이생에서는 소원을 이루고 저생에서는 극락세계 상품연화대에 태어나느니라

○ **삼장육재일**(사천왕경의 말씀)

正月初一日과 十五日 卯時에 한때만 먹으면 일만 삼천년을 게행가진 공덕이요 쌓아놓은 양식

은 칠만석이며 팔만선신이 옹호하고

五月初一日과 十五日 辰時에 한때만 먹으면 일

천오백년을 게행가진 공덕이요 쌓아놓은 양식

은 일만석이며 오천선신이 옹호하고

九月初一日과 十五日 巳時에 한때만 먹으면 일

만년을 게행가진 공덕이요 쌓아놓은 양식은 일

만석이며 오천선신이 옹호하느니라

『일정팔약십사현 십오미타팔지장 이십삼대사

관음 팔로구왕회석가 나무아미타불』

1 불교가곡

하늘위와하늘아래 제일성인누구신가

도솔천궁호명보살 고해중생건지려고

가비라국중인도에 마야부인배를빌어

정반왕궁탄생하니 갑인사월파일이라

구룡토수몸을씻고 쌍련솟아발받드러

사방칠보걸으시며 일수지천일수지지

사사후로외친말씀 천상천하유아독존

실달태자칭호로써 왕궁생장십구년에

부귀공명뜻이없고　　견성성불굳은결심

야반유성그즉시에　　설산으로들어가서

머리깎고가사착복　　출가도인분명하다

가란선인처음만나　　선도수행알고보니

복진타락허탄이라　　그자리에하직하고

총목방중찾아들어　　진귀조사친견하고

조종지를심득한후　　육년고행다시닦아

명성보고확철대오　　임오납월파일이라

항하수에목욕하고　　보리수하나아가서

팔십만의나군중을　　남김없이항복받고

성정각이되고보니　　십호구족세존이라

우담발화꽃이피고　　경세종이진동함에

허공신이급히나와　　수미산정북을치며

장하시다설법소리　　우리중생많이들어

생사고를해탈하고　　무위진락수용하세

불생불멸묘한진리　　사람마다다있으니

이도리를깨치려면　　부가좌를굳게맺고

척량골을바로세워　　묵묵관심하여보소

생로병사무엇이며　　이생각은또무엔고

목마를때물생각하듯　　염념불망잇지마소

망상번뇌얽힌신세　노사고를못면하나

영령불매마음법은　생사윤회상관없네

팔만장경설한법과　역대조사가르침이

마음밖에부처없고　부처즉시마음이라

자세정녕일렀으니　어서어서자각하소

민지않는사람에도　불보살이인도커든

민고민는중생이야　금상첨화아니신가

반야용선잡아타고　생사대해건너보세

허허불교놀랍도다　온세상에정법유통

국가안녕만민함락　한가지로태평하세

② 참선곡 (경허스님 저)

홀연히 생각하니 도시몽중이로다 천만고 영웅
호걸 북망산 무덤이요 부귀문장 쓸데없다 황천
객을 면할소냐 오호라 나의몸이 풀끝에 이슬이
요 바람속에 등불이라 삼계대사 부처님이 정령
히 이르사대 마음깨쳐 성불하여 생사윤회 영단
하고 불생불멸 저국토에 상낙아정 무위도를 사
람마다 다할줄로 팔만장교 유전이라 사람되어
못닦으면 다시공부 어려우니 나도어서 닦아보세

닦는길을 말하려면 허다히 많건마는 대강추려
적어보세 앉고서고 보고듣고 착의끽반 대인접화
일체처 일체시에 소소영영 지각하는 이것이 무
엇인고 몸뚱이는 송장이요 망상번뇌 본공하고
천진면목 나의부처 보고듣고 앉고눕고 잠도자고
일도하고 눈한번 깜짝할제 천리만리 다녀오고
허다한 신통묘용 분명한 나의마음 어떻게 생겼
는고 의심하고 의심하되 고양이가 쥐잡듯이 주
린사람 밥찾듯이 목마른때 물찾듯이 육칠십 늙
은과부 외자식을 잃은후에 자식생각 간절하듯
생각생각 잊지말고 깊이궁구 하여가되 일념만념

되게하야 폐침망찬 할지경에 대오하기 가깝도다

홀연히 깨달으면 본래생긴 나의부처 천진면목

절묘하다 아미타불이 아니며 석가여래이 아닌

가 젊도않고 늙도않고 크도않고 적도않고 본래

생긴 자기영광 개천개지 이러하고 열반진락 가

이없다 지옥천당 본공하고 생사윤회 본래없다

선지식을 찾아가서 요연히 인가마저 다시의심

없앤후에 세상만사 망각하고 수연방광 지내가되

빈배같이 떠놀면서 유연중생 제도하면 보불은덕

이 아닌가 일체계행 지켜가면 천상인가 복수하

고 대원력을 발하여서 항수불학 생각하고 동체
대비 마음먹어 빈병걸인 괄세말고 오온색신 생
각하되 거품같이 관을하고 바같으로 역순경계
몽중으로 관찰하여 해태심을 내지말고 허령한
나의마음 허공과 같은줄로 진실히 생각하여 팔
풍오욕 일체경계 부동한 이마음을 태산같이 써
나가세 허튼소리 우시개로 이날저날 헛보내고
늙는줄을 망각하니 무슨공부 하여볼까 죽을제
고통중에 후회한들 무엇하리 사지백절 오려내고
머릿골을 쪼개낸듯 오장육부 타는중에 앞길이

캄캄하니 한심참혹 내노릇이 이럴줄을 누가알꼬

저지옥과 저축생의 나의신세 참혹하다 백천만겁

차타하여 다시인신 망연하다 참선잘한 저도인은

서서죽고 앉아죽고 싫도않고 선세하며 오래살고

곧죽기를 마음대로 자재하며 항하사수 신통묘용

임의쾌락 소요하니 아무쪼록 이 세상에 눈코를

쥐어뜯고 부지런히 하여보세 오늘내일 가는것이

죽을날에 당도하니 포주간에 가는소가 자욱자욱

사지로세 예전사람 참선할제 마디그늘 아졌거늘

나는어이 방일하며 예전사람 참선할제 잠오는것

성화하여 송곳으로 찔렀거늘 나는어이 방일하며

예전사람 참선할제 하루해가 가게되면 다리뻗고

울었거늘 나는어이 방일한고 무명업식 독한술에

혼혼불각 지내나니 오호라 슬프도다 타일러도

아니듣고 꾸짖어도 조심않고 심상히 지내다가

혼미한 이마음을 어이하야 인도할꼬 쓸데없는

탐심진심 공연히 일으키고 쓸데없는 허다분별

날마다 분요하니 우습도다 나의지혜 누구를 한

탄할꼬 지각없는 저나비가 불빛을 탐하여서제

죽을줄 모르도다 내마음을 못닦으면 여간계행

소분복덕 도무지 허사로세 오호라 한심하다 이
글을 자세보아 하루도 열두때며 밤으로도 조금
자고 부지런히 공부하소 이노래를 깊이믿어 책
상위에 피여놓고 시시때때 경책하소 할말을 다
하려면 해묵어서 부진이라 이만적고 그치오니
부디부디 깊이아소 다시한말 있아오니 돌장승이
아기나면 그때에 말할테요

③ 회심곡

세상천지 만물중에 사람밖에 또 있는가 여보시

요 시주님네 이내말씀 들어보소 이세상에 나온

사람 뉘덕으로 나왔는가 석가여래 공덕으로 아

버님전 뼈를 빌고 어머님전 살을 빌며 칠성님

전 명을 빌고 제석님전 복을 빌어 이내일신 탄

생하니 한두살에 철을 몰라 부모은덕 알을손가

이삼십을 당하여도 부모은공 못다갚아 어이없

고 애닲고나 무정세월 여류하야 원수백발 돌아

오니 없던망령 절로난다 망령이라 흉을보고 구

석구석 웃는모양 애닲고도 설은지고 절통하고

분통하다 할수없다 할수없다 홍안백발 늙어가

면 인간에 이공도를 누가능히 막을손가 춘초는
년년록이나 왕손은 귀불귀라 우리인생 늙어지면
다시젊지 못하리라 인간백년 다살아도 병든날과
잠든날과 걱정근심 다제하면 단사십도 못살인생
어제오늘 성튼몸이 저녁나절 병이들어 섬섬약질
가는몸에 태산같은 병이드니 부르나니 어머니요
찾는것이 냉수로다 인삼녹용 약을쓰나 약효험이
있을손가 판수불러 경읽은들 경의덕을 입을손가
무녀불러 굿을하나 굿덕인들 있을손가 재미쌀을
쓸고쓸어 명산대천 찾아가서 상탕에 메를짓고

중탕에 목욕하고 하탕에 수족씻고 촛대한쌍 벌
려놓고 향로향합 불갖추고 소지한장 든연후에
비나이다 비나이다 부처님전 비나이다 칠성님
전 발원하고 신장님전 공양한들 어느성현 아름
있어 감응이나 할까보냐 제일전에 진광대왕 제
이전에 초강대왕 제삼전에 송제대왕 제사전에
오관대왕 제오전에 염라대왕 제륙전에 변성대왕
제칠전에 태산대왕 제팔전에 평등대왕 제구전에
도시대왕 제십전에 전륜대왕 열시왕의 부린사자
일직사자 월직사자 열시왕의 명을받아 한손에

철봉들고 또한손에 창검들며 쇠사슬을 빗겨차고
활등같이 굽은길로 살대같이 달려와서 닫은문을
박차면서 뇌성같이 소리하고 성명삼자 불러내여
어서가자 바삐가자 뉘분부라 거역하며 뉘영이라
지체할가 실낱같은 이내목에 팔둑같은 쇠사슬로
결박하야 끌어내니 혼비백산 나죽겠네 여보시요
사자님네 노자도 갖고가게 만단개유 애걸한들
어느사자 들을손가 애고답답 설은지고 이를어
이 하잔말가 불쌍하다 이내일신 인간하직 망극
하다 명사십리 해당화야 꽃진다고 설어마라 명

년삼월 봄이오면 너는다시 피련만은 우리인생

한번가면 다시오기 어려워라 북망산 돌아갈제

어찌갈꼬 심산험로 한정없는 길이로다 언제다시

돌아오라 이세상을 하직하니 불쌍하고 가련하다

처자의 손을잡고 만단설화 다못하여 정신차려

살펴보니 약탕관 버려놓고 지성구호 극진한들

죽을목숨 살릴손가 옛늙은이 말들으니 저승길이

멀다드니 오늘내게 당하여선 대문밖이 저승이라

친구벗이 많다한들 어느누가 동행할가 구사당에

하직하고 신사당에 예배하고 대문밖을 썩나서니

적삼내여 손에들고 혼백불러 초혼하니 없던곡성

낭자하다 일직사자 손을끌고 월직사자 등을밀어

풍우같이 재촉하여 천방지방 몰아갈제 높은데는

낮아지고 낮은데는 높아진다 악의악식 모은재산

먹고가며 쓰고가랴 사자님아 사자님아 내말잠간

들어주오 시장한데 점심하고 신발이나 고쳐신고

쉬여가자 애걸한들 들은체도 아니하고 쇠몽치로

등을치며 어서가자 바삐가자 이렁저렁 여러날에

저생원문 다달으니 우두나찰 마두나찰 소리치며

달려들어 인정달라 비는구나 인정쓸돈 반푼없다

담배골고 모은재산 인정한푼 써볼손가 저승으로

옮겨볼까 환전부처 가져올까 의복벗어 인정쓰며

열두대문 들어가니 무섭기도 끝이없고 두렵기도

측량없다 대명하고 기다리니 옥사장이 분부든고

남녀죄인 등대할제 정신차려 살펴보니 열시왕이

좌개하고 최판관이 문서잡고 남녀죄인 잡아들여

다짐받고 봉초할제 어두귀면 나찰들은 전후좌우

벌려서서 기치창검 삼열한데 형벌기구 차려놓고

대상호령 기다리니 엄숙하기 측량없다 남자죄인

잡아들여 형벌하며 묻는말이 이놈들아 들어보라

선심하라 발원하고 인세간에 나아가서 무슨선심
하였는가 바른대로 아뢰어라 용방비간 본을받아
임금님께 극간하여 나라에 충성하며 부모님께
효도하여 가범을 세웠으며 배고픈이 밥을주어
아사구제 하였는가 헐벗은이 옷을주어 구란공덕
하였는가 좋은곳에 집을지어 행인공덕 하였는가
깊은물에 다리놓아 월천공덕 하였는가 목마른이
물을주어 급수공덕 하였는가 병든사람 약을주어
활인공덕 하였는가 높은산에 불당지어 중생공덕
하였는가 좋은밭에 원두심어 행인해갈 하였는가

부처님께 공양들어 마음닦고 선심하야 염불공덕
하였는가 어진사람 모해하고 불의행사 많이하여
탐재함이 극심하니 너의죄목 어찌하리, 죄악이
심중하니 풍도옥에 가두리라 착한사람 불러들여
위로하고 대접하여 못쓸놈들 구경하라 이사람은
선심으로 극락세계 가올지니 이아니 좋을손가
소원대로 물을적에 네원대로 하여주마 극락으로
가려느냐 연화대로 가려느냐 선경으로 가려느냐
장생불사 하려느냐 서왕모의 사환되어 반도소임
하려느냐 네소원을 아뢰어라 옥제에게 주품하사

남중절색 되어나서 요지연에 가려느냐 백만군중

도독되어 장수몸이 되겠느냐 어서바삐 아뢰어라

옥제전에 주문하며 석가여래 아미타불 제도하게

이문하자 산신불러 의론하며 어서바삐 시행하자

저런사람 선심으로 귀히되어 가나니라 대웅전에

초대하야 다과올려 대접하며 못쓸놈들 잡아내어

착한사람 구경하라 너희놈들 죄중하니 풍도옥에

가두리라 남자죄인 처결한후 여자죄인 잡아들여

엄형국문 하는말이 너의죄목 들어봐라 시부모와

친부모께 지성효도 하였느냐 동생항열 우애하며

친척화목 하였느냐 괴악하고 간특한년 부모 말씀

거역하고 동생간에 이간하고 형제불목 하게하며

세상간악 다부리며 열두시로 마음변화 못듣는데

욕을하고 마주앉아 웃음낙담 군말하고 성내는년

남의말을 일삼는년 시기하기 좋아한년 풍도옥에

가두리라 죄목을 물은후에 온갖형벌 하는구나

죄지경중 가리어서 차례대로 처결할제 도산지옥

화산지옥 한빙지옥 검수지옥 발설지옥 독사지옥

아침지옥 거해지옥 각처지옥 분부하야 모든죄인

처결한후 대연을 배설하고 착한여자 불러들여

공경하며 하는말이 소원대로 다일러라 선녀되어

가려느냐 요지연에 가려느냐 남자되어 가려느냐

재상부인 되려느냐 제실왕후 되려느냐 제후왕비

되려느냐 부귀공명 하려느냐 네원대로 하여주마

소회대로 다일러라 선녀불러 분부하야 극락으로

가게하니 그아니 좋을손가 선심하고 마음닦아

불의행사 하지마소

회심곡을 업신여겨 선심공덕 아니하면 우마형상

못면하고 구렁배암 못면하네 조심하여 수신하라

수신제가 능히하면 치국안민 하오리니 아무쪼록

힘을쓰오 적덕을 아니하면 신후사가 참혹하니

바라나니 우리형제 자선사업 많이하여 내생길을

잘닦아서 극락으로 나아가세 나무아미타불 나무

관세음보살

4 삼귀의

거룩한 부처님께 귀의합니다

거룩한 가르침에 귀의합니다

거룩한 스님들께 귀의합니다

5 찬불가

1. 둥글고 또한 밝은빛은 우주를싸고
고르고다시 넓은덕은 만물을길러
억만겁토록 변함없는 부처님전에
한마음함께 기우려서 찬양합시다

2. 저모든하늘 가운데서 가장높—고
이넓은세상 만류중에 제일귀하사
지혜와 복덕구족하신 부처님전에
한마음함께 기우려서 찬양합시다

⑥ 불교도의 노래

1. 삼계의 고해에 길을밝히고 사생의 세계에
새빛을 더할 용맹이여 오라— 뜨는 해처럼
겨레와 중생을 두루 비치라

2. 인연의 쓰고도 아리는사슬 윤회의 고달픈
머나먼 길을 풀—래서 진여의꽃 동산이라
향기여 천지에 넘쳐나가라

3. 연꽃아 피어서 부처님아래 사자야 모여서
불법지켜라 무—량한 우리들 힘을 다하여

영겁을 빛내고 또 빛내리라

후렴 : 우리는 감로로 공양하나니 우리에게
　　　죽음도 이미 없도다

7 청법가

덕높—으신 스—승님 사자—좌에 오르사—
사자—후를 합—소서 감로—법을 주—소서
옛인연을 잇도록 새인연을 맺—도록
대자—비를 베—푸사 법을—설 하옵—소서

8 부처님 오신날

1. 꽃보라 흩날리는 룸비니 동―산
한줄기― 찬란한 빛이 우주를 덮고
거룩한 실탈태자 탄생하―실― 때―
유아독존 큰소리 누리펴지네

2. 사뿐히 자욱마다 바치는 연―잎
태양보다 맑은등 높이 드―옵시고
사생의 모든고난 보여주―신―님―
이세상에 오신날 사월초파일

9 집회가

1. 우리는 성―전에 모―두 모였네―
대자비 대광명이 충만하―신곳―
거룩하신 부처님의 진―리를 배워
무상보리 이루어서 생사면―하고
성스러운 불회상에 같이모―였네―
가엾은 중―생을 제―도하―고저―

2. 우리는 불전에― 모―두모―였네―
대원력 대보살이 웃음짓―는―곳

장하옵신 보살님의 원ー력을 따라ー

무상불도 이루어서 고해면ー하고ー

수많은 중ー생을 인ー도하ー고져ー

존엄하신 불도량에 같이모ー였네ー

10 관세음의 노래

1·삼계의 중ー생ー을 천안으로

살피시고 고해의 중ー생ー을

천수로써 건지시는 자비하신 관세음

보살님께 귀의하오니ー 저희들의

어린마ー음 거ー두어 주옵소서

2. 임이여 나ー투소서 그모습ー

보ー이소서 어두운 이세상ー에

그ー모습 보이소서 목마른ー 중생에게

감로수를 내리시고 길잃은ー

중생에ー게 바른길을 열으소서

후렴 :: 나무구고구난 관세ー음ー보살

나무대자대비 관세ー음보ー살

11 보현행원

1. 내이제 두손――모아 청하옵나――니
   시방세계 부처――님 우주대――광――명
   두눈어둔 이내몸 굽어살피――사
   위――없는 대법――문을 널리여――소――서

2. 내이제 엎드――려서 원하옵나――니
   영겁토록 열반에 들지맙――시――고
   이세상의 중생을 굽어살피――사
   삼계화택 심한――고난 구원하――소――서

후렴 : 허공계와 중생계가 다할때까――지

오늘――세운 이서――원은 끝없아――오――리

12 극락왕생 하옵소서

1 · 님이여! 가시옵니까 어둠없는 극락토

무량광 아미타불 그품에 안기시려

다하신 인연 떠나 서방정토 가는길

반야용선 타시고서 님은 가시옵니까

2 · 님이여! 잠드옵소서 죽음없는 극락토

무량수 아미타불 그품에 안기시어

불멸의 맑은법안 웃는듯이 감고서

사바고해 잊으시고 고이잠이 드소서

후렴‥나무아미타—불— 나무아미타—불—

영원한 법신되어 극락왕생 하옵소서

13 사홍서원

중생을 다 건지오리다 번뇌를 다 끊으오리다

법문을 다 배우오리다 불도를 다 이루오리다

부록편

○ 칠성부(七星符)

칠성(七星)이란 북두칠성(北斗七星)을 말하는데 하늘에 있는 성신(星辰) 가운데 가장 영험한 선성(善星)이라 한다. 그래서 옛날부터 우리나라 풍속에는 칠성제에 기도하여 복을 빌고 명을 빌어 왔던 것이다. 이 칠성부를 봉안하면 장수부귀할 뿐 아니라 소원을 성취시켜 준다는 것이다.

○ 관음부(觀音符) ①

인간의 불행은 재앙신이 침입하여 훼방을 놓기 때문이라 한다. 대자대비하신 관세음보살은 인간의 고통을 구해주신다. 때문에 이 부적을 붙여 놓고 기도하면 원하는 바를 성취시켜 준다고 한다.

○ 관음부(觀音符) ②

왼편 부적을 그려 붙이고 부적에 기록된 경(經)을 수백번 외우면서 소원을 빌면 반드시 원하는 바를 이루어준다고 한다. 이 부적은 항시 붙여 놓거나 몸에 지녀도 좋다.

독송구불결
화엽불능상   영념심부결
南無觀世音菩薩   도명림척결
에노생환희   사자변성활
막연차시허   제물불망설

○ 소원성취부 (所願成就符)

이 부적을 주사(朱砂)로 그려 벼개 속에 넣고 자거나 몸에 지니고 다니면 소원을 이룩한다.

○ 소망성취부 (所望成就符)

역시 소원성취부와 마찬가지의 효력이 있다. 두 장을 그려 한 장은 침실 벽에 붙이고 한 장은 몸에 지니면 소원이 이루어진다.

○ 삼재부 (三災符)

申子辰生 — 寅卯辰年
巳酉丑生 — 亥子丑年
寅午戌生 — 申酉戌年
亥卯未生 — 巳午未年

이에 해당하면 이 부적으로 액을 예방하라.

○ 만사대길부 (萬事大吉符)

이 부적은 재앙이 이르지 않고 복이 이르는 부적이다. 이 부적을 붙여 놓고 또는 몸에 지니면 만사대길한다는 것이다.

○ 백사대길부 (百事大吉符)

입춘일에 두 장을 써서 한 장은 붙이고 한 장은 몸에 지니면 만사형통이라 한다.

○ 삼재소멸부 (三災消滅符)

삼재가 든 사람은 오른편 부적이나 이 부적을 그려 삼재가 끝날 때까지 몸에 지니고 있으면 삼재팔난이 물러간다.

○관재구설 소멸부(官災口舌消滅符)
관재구설에 걸렸거나 관재구설수가 있다고 생각되면 이 부적을 써서 몸에 지니라.자연히 관재구설이 소멸되리라.

○관재 소멸부(官災消滅符)
관재란 송사에 걸렸거나 죄를 범하여 법정출입을 하는 것인데 이 부적을 지니고 있으면 관재수를 예방할수 있고 관재에 걸린이는 풀려난다.

○관재부(官災符)
이 부적도 관재수를 가볍게 하거나 예방하는데 좋은 부적이다.두 장을 써서 한장은 침실에 붙여 두고 한장은 몸에 지니라.

○능피쟁송지액부(能避爭訟之厄符)
누구와 다툴 일이 있게 되거나 송사에 걸렸을 경우 이 부적을 사용하면 자연히 쟁송시비가 무마되거나 최소한 가볍게 해결된다.

○소송부(訴訟符)
원고(原告)、피고(被告)를 막론하고 소송에 걸렸거든 이 부적을 지니라.송사에 이기게 된다.

○구설 소멸부(口舌消滅符)
현재 구설에 말려들었거나 신수 점에 구설수가 있다고 판단될 경우 이 부적을 그려 몸에 지니면 구설이 자연소멸된다.

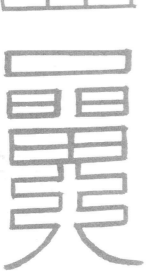

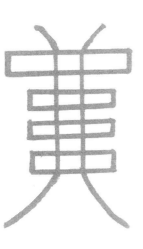

○ 화재예방부(火災豫防符)

사주(四柱)나 신수점에 화재수가 있다고 판단되거나, 기타 화재의 우려가 있다고 생각되면 이 부적을 써서 사방에 붙여두면 화재가 발생하지 않는다.

○ 수액예방부(水厄豫防符)

사주나 신수에 수액(水厄)이 있다고 판단되거나, 생활상 수액의 우려가 있는 사람은 이 부적을 그려 항시 지니고 다니면 안전하다.

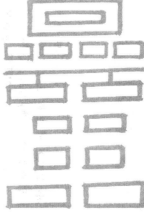

○ 도적불침부(盜賊不侵符)

도적이 들 우려가 있거나 도적이 자주 도적이 들어 금품을 도둑맞을 경우 이 부적을 방문 위에 붙여두면 도둑이 들지 아니한다.

○ 실물액소멸부(失物厄消滅符)

금품을 도둑맞거나 날치기, 사기 등의 우려가 있을 때 한 장은 방안에 붙이고 한 장은 몸에 지니고 다니면 이러한 액을 면한다.

○ 가택편안부(家宅便安符)

가정이 시끄럽거나 우환이 있을경우, 또는 이러한 액을 미연에 방지하려면 이 부적을 항시 방안 벽에 붙여두라.

○ 우환소멸부(憂患消滅符)

가정에 우환중이거나 우환이 생길 가능성이 있다고 생각되면 이 부적을 그려 안방 출입문 위에 붙여두라.우환이 소멸 할 것이다.

○진택평안만복자래부(鎭宅平安萬福自來符)

이 부적을 주사로 그려 내실(內室) 문 위에 붙이면 모든 재앙이 침범치 못하여 우환 질고 실패가 없고 가정이 평안하고 온 가족이 건강 장수하며 재물이 늘고 사업은 번창한다.

合

合 日

合 月

靈宅鎭

德 萬 金 銀

若犯吾者打落艷魃地獄門

招來百福八卦安居千古泰

四時無災

卦祖師鎭宅

平安

太陽大師

六甲神將

霆

雪

太法冷 六丁神將

霜

霄

八節有慶

霹靂奉九天玄女敕

太極 人 皇極 君 老 主 敕

霸靈光 入 元 寶 庫

力士靈符驅押人門不正神

掃除千災五刑鎭宅萬年春

○안택부 (安宅符)

안택(安宅)이란 우환, 질병, 손재, 불화 등
이 없도록 예방하는 일이다. 이 부적을
상용하면 항시 가정이 평화로울 것이다.

○진택편안부 (鎭宅便安符)

가정에 우환, 질고, 손재, 변괴 등 상서롭지 못한 일이 발생하거나
그러할 우려가 있다고 생각되면 이 부적을 그려 내실 출입문 위에
붙이라. 가정이 안정되고, 이러한 재앙이 미연에 방지되리라.

符鎭君子宅

將到吉人家

魔罡印

○부부자손화합부 (夫婦子孫和合符)

이 부적을 그려 방안 문 위에 붙여두
면 부부 화합하고, 자손은 효순하며 온가
족이 모두 합심하여 행복한 가정을 이룬
다.

夫婦子孫和合長壽

○화합부 (和合符)

가정불화가 있거나, 이를 미리 방지하
려면 이 부적을 그려 붙이라. 특히 부부
막론하고 해로하기를 원한다. 이불 속이
나 베개 속에 넣어두면 부부이별이 없다
한다.

○부해로부 (夫婦偕老符)

남녀가 혼인하여 같이 거하면 누구를
막론하고 해로하기를 원한다. 이불 속이
나 베개 속에 넣어두면 부부이별이 없다
한다.

○난산부(難産符)

이 부적 두 장을 그려 한장은 산모의 방에 붙이고 한장은 산모가 불에 태워 마시면 순산한다고 한다.

○첩 떼는 부적

남편이 첩을 얻어 가정불화가 생기거든 이 부적을 써서 남편의 벼개 속에 남편 모르게 넣어두면 신효하다고 한다.

○아들 두는 부적

딸만 많이 낳거나、아들을 원할경우 이 부적 두 장을 써서 부부의 벼개속에 넣고 동침하면 아들을 낳는수가 있다 한다.

○아들 낳는 부적

동쪽으로 뻗은 복숭아나무 가지를. 잘라 글씨쓰기 좋도록 다듬은 다음 이 부적을 주사로 써서 치마에 매달아두면 신효하다고 한다.

○권태증 방지부

부부가 동거하다 보면 혹 권태증이 생기는 경우가 있다. 이 부적을 그려 상대방(권태의 기미가 있는)의 벼개속에 몰래 넣어두면 신효하다.

○애정부(愛情符)

부부간의 정이 없거나 이성교제에 상대방의 애정이 식는다고 생각 되거든 이 부적을 그려.몸에 지니라. 신효하리라.

黃眷大將軍

曆龍八夢鬼君貼吉

唵急如律令

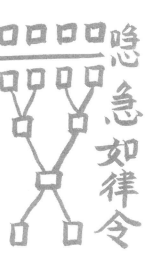

○대초관직부(大招官職符)

취직이 잘 안되거나 관직에 있더라도 직위가 오르기를 원하는 이는 이 부적을 그려 몸에 지니라. 신효하니라.

○견군밀호부(見君密護符)

이 부적은 임금 앞에 나아가 임금의 총애를 받기 위하여 쓰였던 것으로 신분이 높은 사람이나 상관들을 면접할때 몸에 지니면 길하다.

○합격부(合格符)

입학시험, 취직시험, 어떤 시험을 막론하고 시험치르는 주인공의 몸에 지녀 주면 좋은 성적으로 시험을 치르게 되며, 웬만한 실력이면 합격한다.

○금은자래부(金銀自來符)

이 부적을 주사로 써서 내실출입문 위에 붙여두면 금은보화가 자연 이른다는 재수부적이다.

金銀自來富貴

○초재부(招財符)

재물이 따르라는 부적이니 사업장, 가정에 붙여두거나 몸에 지니면 대길하다.

○재리부(財利符)

재수가 대통하라는 부적이니 집 안에 붙여놓거나 사업가 자신이 항시 지니고 다니면 재운이 열린다.

急急如律令 女王

○중악부 (中岳符)

이 부적은 사업장에 이로운 사람만 찾아들고 고객이 많이 찾아와 장사가 잘 되기 위해 사용하면 좋다. 주사로 써서 점포나 사업장에 붙여 놓으면 대길하다.

○압살부 (押殺符)

집터가 세거나, 괴물의 장난이 있거나, 여러가지 마장(魔障)이 생겨 가정이 어수선할 때, 또는 이러한 우려가 있고 생각될 경우 이 부적을 써서 여러곳에 붙여두면 흉살(凶殺)을 누르고 가정이 편안해진다.

○선신수호부 (善神守護符)

신수가 나쁘거나, 위험한곳에 가거나, 위험한 일에 임하게 될 경우 이 부적을 몸에 지니면 선신의 가호가 있다.

○금강부 (金剛符)

이 부적을 지니면 부처님의 보호를 받아 일체의 요사(妖邪)가 침범치 않으며, 건강장수한다.

○귀신 불침부

이 부적을 주사(朱砂)로 써서 한 장은 대문이나 출입문 위에 붙이고, 한 장은 몸에 지니면 악귀, 잡귀, 귀신이 침범치 못한다.

○ 백사동토부 (百事動土符)

나무, 흙, 쇠붙이 등 어떤것을 막론하고 동투탈이 나지 않도록 하기 위하여 이 부적을 현장에 붙여두면 안전하다.

 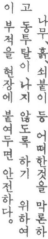

○ 기물동토부 (器物動土符)

꺼림한 물건을 집안에 들여오거나, 부정한 물건이 집안에 들어와 탈이 생겼을 경우 이 부적을 그 물건에 붙여두면 탈이 사라진다.

○ 동토부 (動土符)

흙을 다루다가 탈이 생기거나, 그러 할 우려가 있다고 생각되거나, 동토탈을 미리 예방하려면 이 부적을 현장에 묻어두거나 붙여놓으면 길하다.

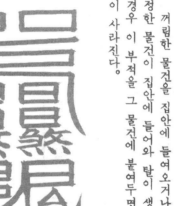 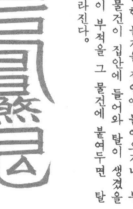

○ 동목부 (動木符)

나무를 다루다가 탈이 생긴데 쓰인다. 또는 나무 탈을 미리 방지하는데도 좋다.

○ 동석부 (動石符)

장차 돌을 운반해 들여올 경우 혹 생길지 모르는 탈을 방지하려거나, 돌을 다루다가 탈이 생겼을 경우 이 부적을 사용하라.

현장이나 나무에 붙여 두라.

○ 채토부 (採土符)

흙을 파다 옮겨 쓰려는데 방위가 불길하거나, 또는 불결한 느낌이 들거든 이 부적을 써서 그곳 옆에 묻고 일을 시작하라. 탈이 생기지 않으리라.

○조왕동토부(竈王動土符)

조왕이란 음식을 마련하는 주방이다. 장차 부엌을 수리하다 탈이 생기면 이부적으로 방지한다.

○삼살방(三殺方)동토부

삼살방을 범하여 탈이 생겼거나, 부득이 삼살방을 범하게 될 경우 이 부적을 그곳에 붙여두면 탈이 생기지 않는다.

○대장군방(大將軍方)동토부

원칙적으로 대장군방은 손대지 않아야 한다. 그러나 모르고 이를 범했거나 부득이 대장군방을 손댈 경우 이 부적으로 액을 방지하라.

○안손방(眼損方)이사부

안손방으로 이사하여 탈이 생겼거나, 안손방으로 이사하게 될 경우 이 부적을 써서 내실 문위에 붙여두면 무사하니라.

○진귀방(進鬼方)이사부

진귀방으로 이사하여 탈이 생겼거나, 또는 진귀방으로 이사하게 될 경우 이 부적을 새로 이사한 집 내실문 위에 붙이면 우환진고가 사라진다.

○오귀방(五鬼方)이사부

오귀방을 범하여 탈이 생겼거나 부득이 오귀방으로 이사하게 될 경우 이 부적을 이사한집 문위에 붙여 놓으면 무사하다.

○질병소멸부(疾病消滅符)
이 부적을 그려 내실 문위에 붙여두거
나 환자의 몸에 지니고 있으면 질병과
기타의 재앙이 사라진다.

○백병치료부(百病治療符)
어떠한 질병을 막론하고 이 부적을 써
서 몸에 지니고 하룻밤 지낸 다음날 아
침 불에 태워 마시면 약효가 발생 하여
차도가 있다.

○初一日에 난 병
한 장은 불에 태워 마시고 한장은 환
자의 방문 위에 붙여 놓는다.

○初二日에 난 병
두 장을 써서 한장은 불에 살라 마시고
한장은 내실 문 위에 붙여두면 쾌차해진
다.

○初三日에 난 병
주사(朱砂)로 한장만 써서 불에 태운
재를 물에 타 마시면 길하다.

○初四日에 난 병
주사로 두 장을 써서 한장은 환자방문
위에 붙이고, 한 장을 불에 살라 삼키도
록 한다.

○初五日에 난 병
이 부적 두 장을 그려 한장은 불에 살라 마시고, 한장은 환자 몸에 지니면 쾌차해진다.

○初六日에 난 병
엿새날에 생긴 병은 이 부적 한 장만 그려 환자의 침실 문 위에 붙여 놓으면 약효가 빨라서 곳 병이 낫는다.

○初七日에 난 병
이날에 발병하였거든 이 부적을 주사로 써서 환자가 자는 방문 위에 붙여 두면 병마가 자연 물러간다.

○初八日에 난 병
이날에 발병한 사람은 이 부적을 주사로 써서 불에 태워 마시면 효과가 있다.

○初九日에 난 병
이날의 병은 아래 보기의 부적 두 장을 써서 한장은 태워 마시고 한장은 환자가 있는 방문 위에 붙여두라.

○初十日에 난 병
이 부적을 주사로 한장만 그려 불에 태운 재를 마시면 점차 쾌차해진다.

○十一日에 난 병

이 날에 발병하였거든 보기의 부적 한 장만 써서 환자의 방벽에 붙여 두면 차도가 나타난다.

○十二日에 난 병

십이일에 난 질병이면 아래 보기의 부적 한장만 써서 환자의 침실 문 위에 붙이랑 신효하게 차도가 있으리라.

○十三日에 난 병

이 부적 두장을 그려 한장은 태워 마시고 한장은 환자가 저처하는 문 위에 붙이면 신효하다.

○十四日에 난 병

이 부적 두장을 써서 한장은 태워 마시고 한장은 문 위에 붙여놓으면 곧 효험이 있으리라.

○十五日에 난 병

십오일에 생긴 병이거든 이 부적 두장을 그려 한장은 불에 태운 재를 마시고 한장은 환자실 문 위에 붙이면 질병이 물러간다.

○十六日에 난 병

이 부적 두장을 써서 한장은 불에 태워 마시고 한장은 몸에 지니고 있으면 병이 낫는다.

○十七日에 난 병

이날에 병이 발생하였거든 보기와 같은 부적 두장을 주사로 그려 한 장은 태워 마시고 한장은 환자의 몸에 지니면 신효하니라.

○十八日에 난 병

이 부적 두장을 그려 한장은 불에 살라 마시고 한장은 환자의 머리속에 지니고 있으면 신효하다.

○十九日에 난 병

이 부적 두장을 그려 한장은 불에 살라 삼키고 한장은 환자의 머리맡에 놓아 두면 효험이 있다.

○二十日에 난 병

이날에 발생한 질병이거든 부적 두장을 그려 한장은 태워 삼키고 한 장은 환자의 침실 문위에 붙여놓으면 길하다.

○二十一日에 난 병

이날에 발병하였거든 이 부적 한장만 써서 불에 태워 마시라 신효하게도 날로 차도가 빠르리라.

○二十二日에 난 병

이 부적 두장을 써서 한 장은 몸에 지니고 한장은 환자의 방문 위에 붙여 놓으면 신효하다.

○二十三日에 난 병

이날의 질병은 아래와 같은 부적 두장을 써서 한장은 태워 가루내어 먹고 한장은 환자의 몸에 지니면 속한 효험이 있다.

○二十四日에 난 병

이날에 생긴 병이거든 아래와 같은 부적 두장을 써서 한장은 불에 살라 마시고 한장은 환자의 침실 문위에 붙인다.

○二十五日에 난 병

이날에 병이 생겼거든 아래 부적 한장만 주사로 써서 환자의 방문 위에 붙여두면 차츰 낫는다.

○二十六日에 난 병

이 날에 생긴 병이거든 보기의 부적 한장만 써서 환자가 거처하는 방문 위에 붙여 놓으면 차도가 있기 시작한다.

○二十七日에 난 병

이 날에 발생한 병은 보기의 부적 한장을 써서 환자의 머리맡에 놓아두거나 베개 속에 넣어두면 약효가 빠르다.

○二十八日에 난 병

이 부적은 한장만 그려 환자가 자는 침대에 붙여두거나 베개 속에 넣어 두면 차츰 병이 나아간다.

○二十九日에 난 병

○二十八日에 난 병

이 부적 두장을 써서 한장은 불에 태워 마시고 한장은 환자의 몸에 지니면 신효하다.

도인출부(盜人出符)

이 부적을 써서 도적이 남기고 간 발자욱에 붙여두면 그 효험이 신효하다.

唵急如律令

○三十日에 난 병

이 부적 두장을 써서 한장은 불에 살라 마시고 한장은 환자의 몸에 지니고 있으면 이날부터 차도가 있다.

○소원성취부

이 부적을 봉안(奉安)하고 마음에 드는 경(經)을 읽으면 영원히 장생하고 소원을 성취한다. 경(經)을

○득도부(得道符)

도를 닦고 신선되기를 원하는 부적이 부적을 몸에 지니고 도에 정진하면 마침내 크게 깨닫는다.

○삼재팔난소멸부

이 옥추부를 항상 몸에 지니면 삼재팔난이 침범치 못하고 귀사(鬼邪)가 멀리 도망하며, 관재구설이 자연 소멸된다.

○해오행구령부(解五行九靈符)

오행과 구령을 해소시키는 부적. 성심 기도하고 봉안하면 기적같은 좋은 일이 생긴다.

○침아질고부(沈痾疾苦符)

병들어 백약이 무효하거든 이 부적을 그려놓고 성심 기도하면 병이 낫는다.

○관재구설부

이 부적을 봉안하고 기도하면 자연히 관재구설 및 모든 재앙이 사라진다.

○토황신불침부(土皇神不侵符)

항상 몸에 지니고 기도하면 백가지 일이 다 이루어지고 악몽과·질병이 침범하지 않는다.

○생귀자부

혼인 뒤에 동쪽에 뻗은 복숭아가지를 취하여 주사로 써서 옥상에 꽂으면 구설이 물러나고 귀자를 낳으며 화목 창성한다.

○ 해충불침부
까마귀, 쥐, 뱀, 벌레 등이 침범 못하고
육축이 잘 되는 부적이다.

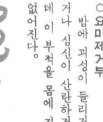

○ 요마제거부
밤에 괴성이 들리거나 사람이 발광 하
거나 심신이 산란하거나 헛소리를 하는
데 이 부적을 몸에 지니면 이러한 일이
없어진다.

○ 상부정부 (喪不淨符)
장사 지낸 뒤 가정에 우환질고가 발생
하면 이 부적을 써서 기도한 뒤 불 사르
면 모든 우환이 사라진다.

○ 여행부
먼 길을 떠날 때 이 부적을 써서 몸에
지니면 일신이 편안하고 목적을 순조롭
게 이룬다.

○ 매매부 (賣買符)
무엇이든지 팔고자 할 때, 특히 가옥을
매매하려는 경우 이 부적을 대문에 붙여
두면 고가(高價)로 쉽게 팔린다.

○ 횡액을 면하는 부적
단명하거나 횡사하거나, 기타 불시의액
운을 막는 부적이니 이 부적을 봉안하고
백일간 정성들이면 이를 면한다.

○공덕부(功德符)

이 부적을 써서 지성으로 봉안하면 가정에 경사가 연달아 이르고, 죽을 고비에 도 살아나면 무엇을 구하거나 얻어진다.

○죄를 멸하는 부적

평소 행동이 거칠고, 성질이 포악 하며 망녕된 말을 잘 하는이가 이 부적을 지니면 마음이 선량해지고 전화위복한다.

○옴마니반메부

이 부적을 몸에 지니면 모든 잡귀와 잡신이 범하지 못한다.

○수화액불침부(水火厄不侵符)

이 부적을 몸에 지니면 홍수(洪水) 화재(火災) 등을 만나지 않고, 독충(毒虫)이나 사나운 짐승의 해를 입지 아니한다.

○오뢰치백부(五雷治百符)

이 부적을 몸에 벼락으로부터 몸을 보호하고 또는 질병을 예방 및 치료하는데 신효하다.

○백사여의부(百事如意符)

이 부적을 그려 내실에 붙이거나 몸에 지니면 모든 일이 순조롭게 이루어진다.

◆ 편　저 ◆

한국경문연구회

현대	**불교경문명감**	정가 40,000원

2020年 8月　10日 인쇄
2020年 8月　15日 발행

편　저 : 한국경문연구회
발행인 : 김 현 호
발행처 : 법문 북스
　　　　 〈한림원 판〉
공급처 : 법률미디어

152-050
서울 구로구 경인로 54길 4
TEL : (대표) 2636-2911, FAX : 2636～3012
등록 : 1979년 8월 27일 제5-22호
Home : www.lawb.co.kr